JN252537

弁護士の経営戦略

「営業力」が信用・信頼をつなぐ

高井伸夫［著］
Takai Nobuo

発行 民事法研究会

はしがき

本書は弁護士の経営戦略について、私の考えや思いを著したものです。経営戦略そのものを抽象的に論ずるのではなく、実務家である弁護士の実践に役立つように経営戦略を生み出す四つの力に着目して本書を構成しました。すなわち、「営業力」（第1章）、「弁護士力」（第2章）、「事務所力」（第3章）、「人間力」（第4章）です。

第1章に「営業力」をあてたのは、私自身、50年間の弁護士生活の中で、「販売即経営」という言葉の持つ意味を何度も味わってきたからです。営業ができなければ、弁護士という仕事は成り立ちません。そして、営業力を実現するためには、個々人の能力である「弁護士力」が前提として必要であり、事務所として依頼者の要望に応えるには「事務所力」を向上させる必要があります。これらのバックボーンとして「人間力」が要求されるのは、プロフェッショナルの生き様であるといってよいでしょう。

本書を書くきっかけとなったのは、近年の弁護士間の競争の激化です。弁護士になるためには司法試験に合格しなければなりませんが、その合格者は500人前後であったものが1990年代から徐々に増加し、いわゆる新司法試験導入後は2000人前後で推移してきました（ここ数年減少し、2016年は1583人でした）。これにより弁護士は大幅に増加し、日本弁護士連合会の発表では、２０１７年４月１日現在で３万９０２７人に上っています。

これだけの弁護士が国内で業務を行っているとなれば、当然弁護士間の競争は激しくなります。一方、依頼者である企業を取り巻く経済環境は依然として厳しく、要求されるリーガルサービスの質は高くなる一方で、弁護士の顧問料や相談料は全体的に値下がり傾向にあるようです。そもそも日本の総人口は減少傾向であり、現在はまだ1億２０００万人を超えていますが、２０６５年には８８０８万人になると言われています（国立社会保障・人口問題研究所平成29年推計）。人口が減れば、弁護士の仕事も必然的に減ることになります。

弁護士業は、弁護士自身がすでに実感しているように、〝殿様商売〟で成り立つ仕事ではなくなっています。依頼者側が弁護士を選ぶ時代になっているのです。

こうした中で、弁護士としても法律事務所としても、社会で一定の存在感を保ち続けるためには、確固とした経営戦略が必要となるのは自明のことです。本書は、そうした弁護士の経営戦略をどのように実現するか、できるだけ具体的にわかりやすく述べたものです。弁護士の方、特に若手弁護士にはぜひ読んでいただきたいと思いますし、一般企業に勤めている方にも読んでいただき、社会に役立つ自己実現に活用していただければ幸いです。

２０１７年４月

髙井伸夫（たかい のぶお）

【高井伸夫　略歴】

1937年5月	愛知県名古屋市にて誕生
1961年3月	東京大学法学部卒業
1963年4月	弁護士登録（第一東京弁護士会）
	孫田・高梨法律事務所入所
	新日本窒素肥料㈱の労使案件、㈱東京十二チャンネルプロダクション（現㈱テレビ東京）や東映㈱京都太秦撮影所のリストラ案件等を担当
	当時東大闘争と並んで学生運動の頂点だった日大紛争の弁護団に参加し、大衆団交の回答書の作成を担当
1970年3月	『労働経済判例速報』にて「団体交渉覚書」の連載を開始（1972年11月まで）
	日本大学K専任講師事件で反対尋問を行い、高く評価される
	長野県経営者協会より依頼を受けて右連載の一部を『団体交渉の円滑な運営のための手引　交渉担当者の法律知識』として刊行
1972年4月	青山学院大学非常勤講師となる（1985年3月まで）
12月	孫田・高梨法律事務所退所

1973年1月	高井伸夫法律事務所設立
1977年	ニチバン事件を担当。ニチバン㈱の再建に尽力する
1979年8月	第一法規出版より『労使関係の原理と展望』を刊行
1984年4月	『労働新聞』で「精神健康管理入門」の連載を開始（同年12月まで）
1987年9月	有斐閣より『人事権の法的展開』を刊行
1993年5月	第一法規出版より『企業経営と労務管理』を刊行
1999年5月	高井伸夫法律事務所上海事務所設立
2001年9月	㈶日本盲導犬協会理事長に就任（2003年9月まで）
2004年12月	日本無線㈱の地位確認等請求事件の反対尋問を最後に法廷に立つことから退く
2006年10月	高井伸夫法律事務所北京代表処設立（2017年6月まで）
2010年1月	事務所名を高井・岡芹法律事務所に変更。同事務所の会長に就任
2013年4月	NPO法人キャリア権推進ネットワーク監事に就任（2018年6月まで）
12月	中経出版より47冊目となる書籍『話を3分以内にまとめる技術』を刊行

『弁護士の経営戦略』目次

第1章　信用をつくる営業力とは何か

第2章 信頼される弁護士力とは何か

第3章 安心を与える事務所力とは何か

第4章　仕事を楽しむ人間力とは何か

第1章

信用をつくる営業力とは何か

1

信用は、約束を守り、相手に利益を与えることから始まる
――お金は結果としてついてくる

【信用は何から始まるか】

信用、信頼は何から始まるかといえば、第一には、約束を守る――たとえば、時間を守るということです。

二番目には、依頼者に利益を与える――すなわち、依頼者からの依頼に基づいて成果を挙げることです。そうすれば、依頼者が喜ぶことは言うまでもありません。依頼者が喜べば、その人は私を信用、信頼してくれることになります。

三番目には、依頼者自身が社会貢献意識を持つように促すということです。弁護士は依頼者を儲けさせるだけではいけないのです。

私の社会貢献については、第2章29で述べますが、社会貢献したいという意識を常に持ってこそ他人にも優しくなれるし、他人をお世話しようという気持ちにもなります。前記二つに加えて、そういう社会貢献意識があってこそ、弁護士に対する信用は一層高まるのです。

これら三つの根本は何かというと、「自分自身の仕事によって依頼者に成果をもたらす」ということに集約できるでしょう。この根本意義を達成するためには、自分の腕を磨くことが大

切です。自分の腕を磨くことによって、はじめて成果のある仕事ができて、その結果、依頼者に信用してもらえるようになるのです。

この信用ということで読者諸氏が気になるであろうことは、お金との関係でしょうか。信用とお金のどちらを重視すべきか、というのは普遍的な命題だと思います。

この点、「お金を追ってはいけない。仕事を追え」とはビジネスシーンでよく言われる言葉ですが、我々弁護士の仕事においても、お金よりも信用をまず重視しなければならないと私は思っています。先にお金を得れば、仕事あるいは依頼者に対しておざなりになりがちで、結果としてぼったくりだと思われることになります。そして信用を失えば、誰も助けてくれません。

しかし、信用を得ることを優先すれば、一生懸命仕事をしよう、依頼者のためになる仕事をしようという意識が芽生え、その結果として成果が挙がりやすくなるのです。成果が挙がると、依頼者からの信用を得られるようになり、それに付随してその仕事への報酬や新しい仕事の依頼などお金を得られるようになる、という好循環が生まれます。

本田宗一郎氏が著書『俺の考え』で豊臣秀吉について書いています。

豊臣秀吉は、そもそも武士でもなんでもありませんでした。彼は農民であり、庶民でした。豊臣秀吉は、まずは草履取りに始まって、織田信長の信頼を得て足軽に取り立てられ、足軽として最高の成果を挙げて、そして侍となったのです。さらに侍になったら侍としての本分を務めて織田信長の信頼を得たため、とうとう一国一城の主となった。このように本田氏は書いていますが、要するに信用こそすべての原点であると説いているのです。

人は信用があってこそ、はじめて社会で活躍できるということは、弁護士として肝に銘じておくべきでしょう。

【信頼を継続していくにはどうすればよいか】

2 迅速な対応は、よい仕事を生み、信頼へとつながる好循環をつくり出す

かつては、正当な理由なく案件の解決を引き延ばす弁護士が、たくさんいました。彼らは早く案件を解決すれば自分の仕事が減るため、仕事を減らさないよう引き延ばしをしていたのです。

しかし、それでは解決が遅くなり、依頼者に不利益を科すことになります。そしてまた、こういう弁護士がいることで、弁護士という職業全体に対する信用も、次第に失われていくことになってしまいます。

仕事を減らさないために引き延ばしをするという弁護士は、経済的に安定するためにはたくさんの案件を抱えていたほうがよいという心理状態になっていて、その結果、案件の引き延ばしという作戦に出るのです。和解のときにも、あるいは裁判のときにも、事態を硬直化させることによって、案件が減らないようにと常に努力しているのです。こういう弁護士にかかわると、依頼者は不幸な結末を迎えることになってしまいます。

迅速に対応する、ということは仕事を処理するにあたっての基本です。そう考えて、私は駆

け出しの弁護士の頃から絶えず、迅速に処理することを旨としてきました。迅速に処理することは、その結果を待っている関係者を安堵させ、満足させます。待つという状態になれば、人は誰しもイライラします。そしてまた、関係者の処理のスピードもそれにつられておのずから落ちていくのです。私が迅速に処理することを絶えず旨としてきたのは、関係者の皆さんが気持ちよくいられるようにしようという意識があってのことでした。

たとえば、仕事はまずは、易しいものからどんどん片づける。そして難しいものについても1日以内には終わらせるようにする、という方式を長年にわたって確立してきました。もちろん大きな問題などは、1日では解決できず、1週間2週間かかることもありますが、それはそれで、迅速に処理をしようとベストを尽くした結果として自分自身で納得することができればよしとしています。

また、私の事務所では、依頼者から尋ねられた質問に対して、当日回答、遅くても翌日午前中までに回答することを業務処理の方針としています。こうして案件にあたることで、依頼者に喜んでいただけたことが度々ありました。弁護士は仕事が遅いと一般に言われているのに、即日、あるいは翌日に結論が明示されるのですから、依頼者にとっては望外のことだったのでしょう。迅速性を心がけてこそ、依頼者からの信用が生まれ、信頼が得られるのです。

弁護士の仕事はいつも期限が定められていると言ってよいでしょう。依頼者との約束はもちろん、裁判所に提出する書面の期限も定められています。それらの期限に遅れれば、依頼者の信用を失い解任という事態になりかねず、裁判所との間では、書面の提出が遅れたということで期日に当方の主張が取り上げられないということになってしまいます。

そのため弁護士は常に早め早めに準備をし、対処していかなければならないのです。準備を早くすること、調査を早くすることがまず第一で、それにより書面の作成に少しでも早く取りかかれるようにすることが大切です。時間に余裕を持って書面を作成すれば、おのずから深みのある文章が書けるようになるのです。

これをおざなりにすると、泥縄の書面になり、最終的にやっつけ仕事になってしまいかねません。結果として、裁判所から軽視され、当方の主張が通らなくなることで、依頼者からの信用も得られなくなるのです。

孫氏が兵法書に表した言葉に「拙速は巧遅に勝る」というものがあります。「拙速」というと悪い印象を与えますが、速さを心がけることこそが、十分な調査をする、十分な準備をする、十分な書面を書くというプロセスにつながります。その結果、依頼者から信用、信頼を得られるという好循環も生み出されるのです。

現代社会においては、スピードが極端に加速しています。現代の経営については、20年前は「アジル（agile）経営」といわれ、15年前は「ドッグイヤー（dog year）社会」、そして10年前からは「マウスイヤー（mouse year）社会」と言われましたが、いまやそうした用語すら陳腐化してしまいました。

そういった社会の中での経営に積極性とスピードが必要とされている以上、経営者たる依頼者を含めて依頼者一般に信用され信頼されなければならない弁護士もまた、積極性とスピードを持った迅速な対応が必要になるということは当然のことなのです。

また、迅速な対応は、実は自分自身の背負っている荷物が軽くなるということです。早め早めに仕事をすれば、仕事を溜めこんでいることで生じるストレスが多かれ少なかれ減少します。ですから迅速な対応をすることは、依頼者だけでなく、弁護士自身にも大きなメリットがあるのです。私は土日も含めて毎日出勤していますが、それは実は、自分自身がいち早くホッとしたいからなのです。

私にとって、仕事をすることとは、自分の心を使うということです。自分の心を使うというのはどういうことかというと、良心に従い、私心や邪心を排除して仕事をするということです。これを突き詰めていった結果、私は仕事をするとき、「神様が見ている」という感覚を持つようになりました。

迅速な対応をすることは、心に余裕を生み、「神様が見ている」という気持ちを保つことができる、よい仕事をするための基盤なのです。

【営業を活性化するにはどうすればよいか】

3 安心感を信頼感に発展させ、アフターフォローで弁護士の営業を活性化する

弁護士が依頼者に安心感を与えるには、まずは適切な話し方を覚えることです。特に、会って間もなくまだ受任に至っていない段階で、相手に安心感を与える話法を意識して習得することが第一歩と言えるでしょう。私が心がけているポイントは次のようなものです。

・落ち着いて話を聞く――その雰囲気づくりも大切です。

・雑談から始める――いきなり専門的なことを話しても、相手は安心感を得られません。同じ目線で、天候、気候、季節の話、社会的な出来事や家族の話をすることがコミュニケーションの基盤をつくり、そしてそれが安心感につながります。

・肯定的に聞く――否定的に聞くと、相手は「聞いてくれなかった」と感じ、不安感に陥ります。肯定的に聞くことで、相手はこの人は「味方」である、「仲間」であると認識して安心するようになるのです。

受任できそうになったら、案件の具体的な詳細を聞くことになります。それは、事情を尋ねるということが中心になりますが、その際にも相手方の意向を肯定的に受け止めて、味方と認

識し続けてもらうことが必要です。

受任にあたっては、話の詳細を確認するとともに、どの程度の期間で解決するのか、その費用はいくらかを明示しなければなりません。依頼者は皆まずは勝ち筋なのか負け筋なのかを聞いてきます。しかし、完全に勝つと断定できるものは非常に少なくて、見通しを話すにあたっては、「伺った話を前提にすれば、何パーセントくらいの確率で勝つか」と回答することになります。そのときに、確率を渋めで言うか、楽観的に言うかは弁護士の器量にもよりますが、得てして渋めに言うほうが依頼者に結果的に好感を持ってもらえるでしょう。あまり楽観的に言うことは、結果がそれに伴わなかったときに依頼者を落胆させてしまいますから、避けたほうがよいでしょう。

正式に受任した後は、報連相（報告・連絡・相談）を徹底的に行うことです。もちろん、解決までの間に限らず、アフターフォローにおいても徹底的に報連相を行うべきです。アフターフォローはエンドレスになりますが、次第に時間の間隔をおくようにすれば問題ないでしょう。最初は1週間に1回、それから1か月に1回、さら2、3か月に1回として、最終的には年2回連絡をとればよいのです。アフターフォローまで手を抜かないことが、弁護士として繁盛するコツです。

アフターフォローの目的は、「次に何かあったときには、また相談に乗ってくれるだろう」

とか、「身近な人に何か法的なトラブルがあったときには紹介したいなあ」と依頼者に思ってもらうことです。アフターフォローには手間暇がかかりますが、効果を上げるには、熱心に心配りする姿勢を崩してはいけません。

かくして弁護士は依頼者に安心を与えることができるのです。

また、弁護士は依頼者に対して安心感を与えなければならないのはもちろんですが、相手方、あるいは相手方弁護士、さらには裁判官にも、「この弁護士は信頼に値する人物である」という安心感を与えなければいけません。

そのためには、自分の見解を貫き通すということが原則です。もちろん見解が変わることも時としてあると思いますが、そのときはその根拠をよく説明する必要があります。

安心感とは、不安感、イライラ感、不信感等とは相反する心理状態です。安心感があってこそ依頼者は弁護士を信用しますし、また相手方弁護士や裁判官もその弁護士を信用するのです。要するに安心感こそ弁護士の命と言ってよいでしょう。理解力や許容力が乏しいゆえに相手方をイライラさせる弁護士がいますが、そうした弁護士は相手方だけでなく、依頼者にも安心感を与えられないということになります。

こうした安心感を信頼感に発展させれば、弁護士の営業は活性化するようになるのです。

しかし、時に依頼者が信頼感を持つ余り、弁護士に頼り切ってしまうという事態もでてきます。そうなると、弁護士が事実上の決定権を持つことになり、自惚れることになってしまいます。信頼も強すぎると弊害が出るということを、弁護士は心しなければならないでしょう。

頼り切られることを避けるにはどうしたらよいかというと、依頼者に考える時間を与えることです。たとえば、打ち合わせ中に弁護士が退室して、当事者や関係者の間でだけで協議をしてもらい、その後弁護士が再び戻って結論を聞く、という方法があります。そうすることによって、頼り切られることによって生じる弁護士の自惚れを防ぐことができるのです。

それでは、安心感を与える雰囲気というのは、どのようにして身に付くかということですが、それには、知識を深めて、経験を多くすることが大切です。勉強する、経験する、ということを通して人を安心させる雰囲気は自然と体に身に付きます。また、いくつもの修羅場を乗り切ること、すなわち逃げない弁護士になることが必要です。そうしてこそ、ちょっとやそっとのことでは動じないという新しい境地に達することができるのです。

最後に、安心感を与えるには、何よりもまず弁護士自身が自信を持たなくてはなりません。弁護士が小さなことにいちいちとらわれていたら、依頼者は当然不安に駆られます。ですから、危惧することを、そして最悪の事態を一つひとつ潰していくことで、弁護士として不安のない状態にすることも重要です。こういった努力を怠らず継続してこそ、安心感を与えられるよい弁護士になれるのです。

【相談を受任につなげるコツは？】

4 めげずに反省と工夫を繰り返して、案件・顧問契約の成約率を高める

個々の相談案件や顧問契約の成約率を高めるにはどうしたらよいのでしょうか。

それには、まず親切を旨としなければなりません。「かゆいところに手が届くように」ということがよく言われますが、弁護士がお高くとまっていては、成約率が低くなるのは言うまでもないことです。親切とは何かというと、依頼者が困っていることに対して、早め早めにその問題に取り組んで適切な回答をすることです。

依頼者を1週間も1か月も放っておいて、信頼関係が生まれるわけがありません。成約率を高めるためには、依頼者の悩みや煩悶を早く解いてあげることが一番です。後回し後回しで仕事をして、1か月も2か月も依頼者を捨て置く弁護士がいますが、それでは依頼者を疲労させ、弁護士に対する反感を持たせてしまいますので、いったん成約しても解約に至る可能性が高くなってしまうでしょう。

迅速に適切なアドバイスをするとは、口頭だけではなく書面でも回答するということです。口頭で回答しただけでは、あとになって弁護士が見解を変えるかもしれないという心配が依頼

者に残ります。しかし、口頭での回答に加えて書面でも回答すれば、依頼者はその回答に確信を持つことができるので、弁護士と依頼者の間にいっそう強い信頼関係が生まれるのです。

そして案件終了後もアフターフォローを確実に行うことです。具体的にどうすればよいかというと、気がかり事項を逐次聞くのです。相談に一度回答したからといって、依頼者の抱えるすべての問題が解決するわけではありません。また新しい問題は次々に湧いてくるでしょう。ですから逐次新たな疑問点、新たな悩みを聞かなければなりません。そしてそれにもタイムリミットを設定して、早め早めに対処することが必要です。

その他、成約しなかった場合でも、いったん断念したうえで間をおいてあらためてお願いするということも大切です。すなわち、再度挑戦する時期を念頭に置いて、その時期がきたら、あらためて連絡したり伺ったりして、成約に結びつけるのです。

成約率を高めるためには、そのための方法を十分吟味しなければなりません。現実に一番効果的なのは、自分が成功した事例を具体的に挙げる、要するに自分の成果を語ることです。

では、成果を挙げるにはどうしたらよいかといえば、それは自分の専門分野を絞り込むことが一番でしょう。

各々の専門分野が特化している現代では、弁護士も百貨店でなく、ブティック化しなければなりません。扱う分野を絞り込むことで、その分野で能力も識見も磨くことができます。結果、依頼者の信用を得られ、成約率が高くなる原因になるのです。ですから、専門化を進めることは、弁護士としての大成のポイントと言ってもよいでしょう。

私が労働事件を専門としたのは、実は偶然のことで、弁護士になって最初に勤務した事務所が労働法の創始者である孫田秀春先生の事務所だったことに由来しています。そういう経緯で私は人事労務の専門家になったのですが、これからの若い弁護士は、キャリアの最初から自ら専門家であろうと決意して取り組まなければなりません。

また、専門といっても、今の時代は一つの分野のみを専門とするのでは、ちょっとこころもとないかもしれません。刻々と社会が変化する時代ですから、2つ、3つの分野において専門家となれるよう志さなければならないでしょう。

さて、成果を挙げて成約率を高めるといっても、弁護士は安易に「勝訴します」というようなことを依頼者に言ってはいけません。

しかし、依頼者は勝訴するかどうかに最大の関心を持っています。したがって何らかの見通しを話さなければならなくなるでしょう。そのときには、「今まで見聞きした証拠によれば勝訴が見込まれる」という形で話をすべきでしょう。これにより、新しい話が聞けたときや新しい証拠を見たときに、弁護士が依頼者の利益のために自由に方向転換できる余地を残すのです。

時に、案件を引き受けたものの事実関係が依頼者にまったく不利で、成果を挙げられそうもないというケースがあります。

　そのようなとき、私は、私の師である孫田秀春先生に教わった「石にも目がある」という言葉を思い出します。「石にも目がある」とは、剣聖塚原卜伝が、石工が大きな石をノミ一丁で割っているのを見て悟った剣術の極意です。何事にも突破口というものがあり、それを見極めることが大事であるということを表しています。この言葉のとおり、どのような相手であっても弱点は必ずあるのですから、その弱点を掘り下げる努力をすることが必要です。あるいは、依頼者側の強みをできる限り見つけることも肝要だと思います。そうすると、その頑張りが依頼者に伝わり、厳しい状況の中にあっても成約率が上がるようになるのです。

　成約率は、低いからといってめげず、少しずつでも上げる工夫を常にしていかなければなりません。努力をし続けることが大事なのです。たとえば、一定の期間ごとに振り返って、成約率を確認することです。そして、今後確率を高めるために、成約したところにいかに貢献したかを自分自身が顧みるのです。そういう反省があってこそ成約率は高まっていきます。

　また、成約できないことが続いたときでも、これで終わりだと悲観的にならず、こういった経験も成功への一里塚だと考え、さらに精進することが必要です。ここで諦めては、本当にすべてが終わりになってしまいます。失敗は単なる失敗だと冷静に受け止めて精進し続けることで、自らを成功に導くことができるのです。

【報酬で悩んだときは？】

5 報酬はお金ではなく拍手喝采で
――パフォーマンスがあってこそ最高の報酬が得られる

弁護士の報酬というものは、なかなか決めがたいものです。案件を迅速に処理するのであれば、そのための作業内容から弁護士報酬は高くするべきですが、あまりにも処理が早いと、依頼者からは簡単な案件だったと誤解され、報酬が高すぎるという非難を浴びることになります。また、決着に時間がかかりすぎた場合も、「そんなに時間がかかったのに、こんなに高い報酬を支払わなくてはいけないのか」と非難されます。

報酬を支払う側の依頼者に、弁護士の報酬を公正なものとして納得してもらうことは難しいのです。

多くの弁護士は着手金制というものを採用しています。その額は、かつては日本弁護士連合会が決めた「日本弁護士連合会報酬等基準」（現在は廃止）によって決めるというのが一般的でした。しかし、この報酬等基準によると、弁護士が案件終了までにかけた時間との対比が明確でなくなってしまうという問題点があったのです。

そこで、最近では、欧米で採用されている、タイムチャージ制が日本でも一般的に使われるようになってきました。このシステムでは、各弁護士の1時間当たりの報酬を基準として弁護士費用を算出することになります。1時間当たりの報酬は、未熟な弁護士であれば5000円から1万円以内、優秀な弁護士であれば10万円から20万円と、弁護士によって大きく差があります。

このタイムチャージ制を採用した場合、大きな事務所、そして大きな事件になると、10人20人という弁護士を配して依頼者と打ち合わせをすることがありますが、そのときに10人20人分も報酬を請求することになります。そうなると、弁護士報酬はべらぼうな額になってしまうでしょう。

着手金制とタイムチャージ制、いずれの方式によるとしても、どのように依頼者を納得させるかということは大きな課題です。私の事務所では、顧問制を基本としたうえで、着手金制を採用し、事件終了後に成功報酬をもらうことにしています。

着手金の算定は、前述の旧報酬等基準によって行っていますが、顧問契約を締結した場合は減額します。この基準は2004年4月1日から実質的に料金が自由化されたことに伴って廃止されたのですが、旧規定とはいえ、長い間弁護士が採用してきたものですから、一般的に納得してもらいやすい額になっていると思うのです。

また、私どもの事務所は、主任弁護士と相担当弁護士という二人制を基本としています。ですから、一つの事件のための打合せに5人、10人と弁護士が並ぶことはまずあり得ません。弁護士の数を増やすことによって請求額を膨らまそうとする必要がないのです。そうすることで、依頼者は当事務所をより信頼してくれるようになります。

報酬の件で依頼者と揉めた際の一番の弊害は、事務所全体の雰囲気が暗くなることでしょう。事務所は一致団結して仕事に取り組まなければならないのに、ある事件の報酬で揉めると、事務所全体が暗くなり、団結力も弱まってしまいます。そうなると、報酬で揉めている事案だけではなく、他のすべての事案に悪影響を与えることになるのです。

お金のことで揉めると、人間は誰しもそれに負い目を感じて心が萎えるものです。経営者としては、お金のことで揉めないよう絶えず気を配っていなければなりません。

ところが依頼者の中には、着手金を払うだけで報酬を払わない、というずるい人が時にいます。もっと極端な例では着手金すら払わない人もいます。当事務所でも成功報酬を請求したけれど、入金されずじまいに終わるというケースが年に数件あります。そういった場合は、依頼者と支払いをめぐって揉めることを避けて、未入金で処理をすることになります。これでは経営者としての責任は果たせません。

そのような事態を回避するには、報酬で揉めないような依頼者を選ばなければなりません。そして、経営に少しばかり余裕を持って事務所を運営していくことも大切です。何でもいいからとガサツに事案を拾ってはいけない、集めてはいけない、ということです。

最後に、私個人の報酬に対する考え方を述べるなら、私は、舞台俳優が幕が閉じるときに、拍手喝采で終えられたら大成功だと思うように、弁護士も事件終了時に、依頼者や関係者に満足していただき拍手喝采で大団円を迎えることが、一番の報酬だと思っています。

この拍手喝采はお金の報酬とは違い、弁護士が最高のパフォーマンスをしたときにのみ得られるものです。よりよい仕事をするために、弁護士はお金をもらうことだけが報酬ではないという意識を持つことが大切でしょう。

【依頼者は何を求めているか】

6 コストパフォーマンスは重要だが、依頼者が求めるもの、そのプライオリティは何かを考える

弁護士のコストパフォーマンスはどのように評価されるものなのでしょうか。弁護士自身はコストパフォーマンスが低いと言う人もいれば、高いと言う人もいます。では世間一般は、どうでしょうか。これについて意見が分かれるのは、弁護士は知的労働者であり、その仕事を高く評価すべきか低く評価すべきか、ということが、なかなか一般的にはわからないことが原因でしょう。

コストパフォーマンスは、弁護士の挙げた成果とコスト（報酬）が釣り合うかという問題です。先の項目でも述べたように、弁護士費用（報酬）には激しい格差があります。特にタイムチャージ制での報酬の場合、優秀な弁護士は1時間に10万円以上とることもあります。一般的な弁護士は1時間につき1万5000円から2万円程度でしょうか。

タイムチャージ制によって報酬を決めるというのは、客観的でわかりやすい方法である一面、報酬を算出するときに、何を基準とするかによって、最終的な報酬の額に大きな差がでてきます。たとえば、複数の弁護士が事件を担当するときに、一体誰の時間を、そして何人の弁護士

を基準にして計算するのかということが重要な問題になってくるのです。

時に、依頼者が前任の弁護士を解任して当事務所が引き継ぐとき、こうして膨れ上がった請求額に何気なく気が付いてぎょっとすることがあります。あまりにも法外な額、成果に見合わない額を請求をしているのです。

当事務所の弁護士費用は、一般の弁護士に比べて請求額はリーズナブルだと思います。先に述べたように、当事務所では、基本的に旧弁護士報酬規程によって弁護士報酬を算定していきます。そうすると、おのずから低廉な請求になりますが、それはそれでよしとしています。ただ、事務所の経営を維持するためには、多くの事件を処理することが必要になります。

私どものような会計システムの事務所の問題点としては、とれる依頼者からはたくさんとる、貧しい依頼者にはあまり請求しないというシステムがとられがちになることでしょう。しかし、それでは当然不公平感がでてきてしまいます。そういったことを避けるためにもコストパフォーマンスを考えて、依頼者間のバランスをとることは、弁護士として非常に大切なことであり、しかしまた難しいことでもある、ということなのです。

弁護士として自身のコストパフォーマンスを考えたときに注意しなければならないのは、勤務弁護士の場合は、自分のもらっている年俸の3倍ないし3・5倍を獲得しないと一人前の弁護士とは言えないということです。独立したときに、その程度の売上げがなければ事務所を維持していくことができないからです。

大型訴訟を受任したときは年俸の3倍、小型訴訟に対応し続けたときには年俸の3・5倍の報酬があって、初めて事務所は安定し、発展していくのだという意気込みで仕事に取り組まなければなりません。

コストパフォーマンスは、リスクとリターンに分解できます。コストを払うというリスクを負うことは、リターン、要するに成果を求めているということです。

弁護士は、責任を持って物事を解決するリスクを背負います。当然のことながら、リスクに伴って、リターンを得ることになるのですが、このリターンというのは、なにも金銭的な報酬だけを言うのではありません。相互に信頼感のある関係やブランド、評価、良き風評といった無形資産も含まれるのです。

無形資産のリターンの一つの例として、毎年12月に日本経済新聞に掲載される弁護士ランキングというものがあります。このランキングでは企業法務分野で活躍する著名な弁護士を順位づけしているのですが、こうしたランキングはそれに載ること自体がブランドや評価、良き風評を得ることを意味します。要するに、弁護士としてのリターンがそこに形成されるということです。

さて、弁護士のコストパフォーマンスを考えるときに忘れてはいけないことが、一つあります。

これは医療に携わっている方から聞いた話ですが、サービス業において技術を提供するときは、自分のコストパフォーマンスを意識するのではなくて、相手方のプライオリティや成果、医療で言えば治療効果ということを意識して初めて、医療の現場で働いている者としての存在意義がかなえられるということでした。コストパフォーマンスだけを意識すると、サービスや医療技術は廃れるのだそうです。

弁護士も同じように、自分のコストパフォーマンスだけではなくて、依頼者のプライオリティも重視しなければなりません。依頼者のプライオリティに従って成果を挙げてこそ、その依頼者満足度は高くなり、コストパフォーマンスが高いと外からも評価していただけるようになるのです。

そして、依頼者にコストパフォーマンスが高いと評価してもらえたか否かは、依頼者が二度三度と依頼してくるかどうかによって判断すべきです。この点、顧問契約を締結することができれば、弁護士としてのパフォーマンスは依頼者に最大限に評価されたと言えるでしょう。

7

【弁護士に依頼するメリットは？】

依頼者がなぜ弁護士に依頼するのか考えると、弁護士に求められるものが見えてくる

依頼者がなぜ弁護士に依頼するかといえば、一言で言うと、依頼するメリットがあるからです。しかし物事はそう単純ではなく、弁護士に依頼した場合、弁護士の持ついろいろな面に応じたいろいろなメリットが生じるとともに、デメリットも生じるものです。

まず、他人に依頼するという意味でのメリットは、第三者の目から見た客観的な視点で案件を整理整頓できるということでしょう。

一方、この点でのデメリットは何かというと、実情を詳しく知らない人間が判断するということです。実情を詳しく知っているのは何と言っても当事者なのですが、弁護士と当事者の間の情報共有が上手くいかなかった場合、弁護士が一部の事実しか知らないままに偏った判断を下してしまう可能性が大いにあるのです。

次に、専門家に任せるという意味でのメリットとしては、自分で紛争を解決しようとすると手間もかかるし時間もかかるのに対して、専門家に任せれば手際よく処理してもらえ、自分自身の時間や手間は大いにセーブできるという点です。

しかし、専門家に任せると専門家の偏った意識・見方で物事を整理整頓してしまい、依頼者の求めるとおり決着するためにかえって余計な手間がかかるという危険性（デメリット）もあります。

そして、人間としての弁護士に依頼するメリットは何かといえば、一緒に考えてくれる人が身近にいるということです。弁護士と共感し、共鳴し、共振する中で、よりよい解決策を求めることができるのです。それは精神的な安定をもたらします。一緒に考えてくれる人がいると、人は孤独感から解放されて、少し元気になるからです。

この面でのデメリットは何かというと、案件が自分の手を離れるということです。弁護士を信頼して任せれば任せるほど、依頼者は案件が自分の手では届かないところにいってしまうのではないかというジレンマに陥りがちです。それを克服するためには、依頼者と弁護士との間で強い信頼関係を築くことが必要不可欠となります。

法律家としての弁護士に依頼するメリットといえば、依頼者が知らない法律に関する知識について熟知している専門家の手助けを得ることで、依頼者が安心を得られるということです。

これは、日本の社会が法律によって治められている法治主義だということからきています。日本では法律のことをよくわかっていないと世の中を渡ることはできません。ですから法律を知っている弁護士に依頼するメリットは大いにあるのです。また、日本の民事裁判では当事者主義が採用されています。これは、裁判官が職権ですべてを裁判するのではなくて、当事者が主張したり、申し立てたりすることによってはじめて裁判が成り立つということを意味します。

法治主義の上に当事者主義となれば、法律の専門家としての弁護士がその職責を果たさなければならないのは当然と言えるでしょう。法治主義においては、弁護士は主要な役割を担っている職業です。依頼者がその役割を果たしてくれることを求めて弁護士に依頼しているのだということを、弁護士はしっかりと認識しなければなりません。

ではこの点におけるデメリットは何かというと、信頼していた弁護士が、法律知識が十分でない、または倫理に悖る可能性があるということです。弁護士が増え、能力格差が広がっている現在、そのようなリスクは増加しています。法律家として求められる役割を果たすために、弁護士は絶えず勉強する義務があります。常に最新の法律の知識を得るよう心がけることはもちろん、倫理上も最上の倫理を身に付ける必要があるということです。

弁護士は国民に対する責務を負っています。その責務とは法曹倫理を守ることです。弁護士は、単に法律に従って弁護士業務をするだけではなく、倫理に従わなければなりません。昨今はコンプライアンスということが強く言われていますが、弁護士はコンプライアンスの塊と言ってよいでしょう。

またこのことは、弁護士は大いに風評を気にしなければならないということを意味します。

私の知人で、弁護士法違反でかつて訴えられた人は、その後、長い間悪評に耐えていかなければなりませんでした。悪評が立つことで弁護士としての活動に一定の制約がかかるのです。

ですから、弁護士が弁護士としての役割を全うするためには法律を知っているだけではなく、倫理的に正しい行動をとっていかなければなりません。風評に負ける弁護士になってはならないということが、弁護士の務めなのです。

弁護士に依頼することのメリットは、このようにいろいろな形で安心感が得られることですが、この安心感は弁護士が法律の専門家であることだけを理由とするものではありません。優れた弁護士はその人格も信頼に値するものだからです。優れた弁護士の人格は、依頼者や相手方に通じるだけでなく、裁判官をも説得する効果を生みます。ですから依頼者は、より安心感を得るために、何としても優れた弁護士を選ぶべきだと言えるでしょう。

ところで、弁護士の中には法律条文を盾にして依頼者を説得しようとする者がいます。しかし、依頼者は法律条文をよくわかっていないから、そのような説得はとかく一方的になりがちです。大所高所からというと聞こえがよいのですが、上からの目線になってしまうのです。

それでは依頼者を不安にさせてしまうことは言うまでもありません。弁護士は依頼者にわかる言葉で説得することができなければなりません。上から目線ではなくて平らな目線、あるいは下の目線から話をする弁護士こそが、依頼者にメリットをもたらすのです。

【依頼者の利益を守るには？】

8 誠実、正義こそ弁護士の基本――相手に媚を売ることは依頼者の利益を損ね、信用を失うこと

私をよいしょする人に対して、その人のことを「よいしょ会の会長」としてからかうことがあります。本当のことを言っていないのではないか、と暗に指摘するわけです。そうすることで、よいしょした人の本音を引き出して、その人の自分に対する本当の評価を確認することができるのです。

たとえば、私は毎週2回専門の先生について体操をしていますが、その先生が「今日は身体がよく動きました」といったときに、私は「本当ですか？」と確認する意味で「よいしょ会の会長の発言！」と返します。褒めたことが事実ならば、先生は私の答えに気を留めず、その後も励まし続けるわけです。

「よいしょする」に似た言葉に、「媚を売る」という言葉があります。この二つの言葉の違いは、「よいしょする」は、相手を激励してやる気を起こさせるという意味合いを含むのに対して、「媚を売る」というのは単に相手の気分をよくするに留まるという点にあるのだと思います。

もっといえば、「媚を売る」という行為は、相手をよい気分にさせて自分が利益を得ること

を最終目的としているものですから、相手を励ますことに重点があるよいしょとは似ているようで全く違うものなのです。わだかまりがあるときに媚を売れば、元の平静な状態に戻ることもあります。そういう意味で、媚を売ることは必ずしも悪いこととは言えないのですが、そこには必ずデメリットがあることは忘れてはいけません。

たとえば、「媚を売る」というのは、相手に迎合するということです。相手に無理に迎合すれば、自分の気分が害されることになります。弁護士にとっては、自分の気分というのはすなわち依頼者の気分を表しますので、媚を売ることで依頼者の気分を害してしまうのです。それでは正義を実現することを職務とする弁護士が、自らその正義を放棄することになってしまいます。

また、「媚を売る」という行為は、自分の魂を半ば売ることも意味します。弁護士は本来依頼者の利益を第一に考えるのが本則であるのに、相手に魂を売ってしまうというのは、弁護士としての自殺行為と言えるでしょう。媚を売った弁護士は、弁護士として役に立たなくなってしまいます。

さらに、弁護士が媚を売ったとき、売られた相手は「正々堂々としていない、不誠実な人物だ」というよくない印象をその弁護士に対して持つことになり、これもマイナスの効果であると言えるでしょう。

これらのデメリットについて、団体交渉の相手方である労働組合との対応というケースを想定すると、わかりやすく説明できます。使用者側代理人の弁護士と労働組合との関係は、駆け引きも要しますが、結局は円満に解決すべく、妥結を旨としていることは両者一致しているところだと思います。

ですから、お互いにある程度譲り合うことが必要になりますが、そのためには、お互いの譲ることができる限界を見極めなければなりません。この限界を見極める際には、公正さ、公明さ、公平さを持って相手と対峙することが大切です。

ところが媚を売ると、この公正さ、公明さ、公平さがなくなってしまい、結果として円満な妥結もできなくなってしまうのです。

また、円満な妥結を求めるときというのは、自分の言い分を相手方に正しく伝えて相手を説得するという技術が非常に重要になります。このときに媚を売ってしまうと、打算や思惑によって発言の真意が歪められてしまいます。

ですから、団体交渉において媚を売ると、相手の真意を引き出せない、また自分の真意を正しく伝えられない、円満な妥結に至らないということになってしまうのです。

このように、媚を売るという行為は、依頼者にとってのデメリットを数多く生み出します。媚を売ってはならないというのは、弁護士の基本的で重要な態度と言えるでしょう。

【営業を継続するコツは？】

9 種をまくには、種をつくり、肥料を与え、人間としての長いお付き合いが大切

弁護士の営業には、種をまき続けることが必要です。常に種をまいておかなければ、常に刈り取ることはできません。

そのためには、まく種が必要になります。種をつくりあげるには、依頼者を満足させるだけの知識と知恵を兼ね備えるための準備時間を要します。知識と知恵を基礎とした、成果を挙げることのできるプラットフォームづくりがまずは大切だということです。お会いした人に満足を与えるだけのサービスと材料がなければ、独り立ちした弁護士にはなれません。植物の種の品種改良においては、何年も、時には何十年かけても改良を続けてようやく新しい品種、成果を生み出すことができますが、弁護士もこれと同じなのです。

こういったことは従来の知識や知恵だけでは、いかんともし難い現代の競争社会の中ではより一層際立つようになりました。弁護士は、知識・知恵を磨きに磨いて、真摯さを発揮することが大切です。新分野に進出するのであればなおさらのことです。

ただ、こういった世界では新人弁護士ほど苦労を強いられることは言うまでもありませんが、

そこで頑張り続ければ成果は大きなものになることも言うまでもないでしょう。

では、作り上げた種を具体的にどのようにまくか、ということですが、私が弁護士になった当時は、弁護士が広告する手段はほとんどありませんでした。ラジオの広告もなければ、テレビのCMもなく、もちろんインターネットもなかった。

そういう時代には、弁護士にとって人と人とのコミュニケーション、いわゆる口コミこそが最強にしてほとんど唯一の情報交換のツールだったのです。ですから自分を売り込むにも、口コミで売り込むしかなかったわけです。昔々僧侶が信者を増やそうとしたときのように、弁護士も口コミに頼るしかありませんでした。

現代においても、弁護士は口コミを大事にしなければなりません。そしてまた世評も気に留めておかなければなりません。なぜなら、行いが正しく、ユーモアがある人、ほっとする人、気が楽になる人を世間は求めているからです。そういう人になることを弁護士は心がけなければならないのです。

次に、まいた種を育成する肥料は何かといえば、常に自分より先に相手にメリットを与えることを考えるということです。自分のメリットだけを考えた種は、枯れ死にます。相手にメリットを与えるギブ&テイクを考えることが大切なのです。そしてより大きなメリットを得たいのであれば、もっと進んで、ギブ&ギブという精神で対応するとよいでしょう。

また、いきなりお邪魔して仕事をくださいと言っても、普通はいただくことはできません。時には冷笑されることもあるでしょう。日頃から人間関係をつくって信頼関係を形成する、これが種をまく、そして肥料を与えるということなのです。

ここでいう人間関係とは、単に人付き合いをするということでなく、信頼関係をつくるということが大事で、さらには実績を積み上げることも重要です。これは何も難しいことではありません。約束を守ることを一つひとつ積み重ねていけばよいのです。

たとえば来週お伺いしますと言ったにもかかわらず実行しなければ、信用できない人であるとみなされてしまいます。小さなことであっても自分が約束したことを着実に守る、というごく当たり前のことをしていれば、信頼はおのずとできあがっていくでしょう。

まいた種が芽を出し、成長するには時間を要します。もちろん茎が出て花が育ち、実がなるには一層時間がかかるでしょう。時には、30年ぶりに縁がよみがえった、30年ぶりに仕事になったということさえあります。今日種をまいて、明日明後日、仕事になるとかいうことはないと心しなければなりません。営業は即効性がないことをいつも意識することが大切です。

そして成果を挙げることを目的として種をまいてはいけません。種の生命を大切にしてあげようという意気込みがあってこそ、本当に種が実になるのです。つまり、長い目で見て人間としてのお付き合いをしていこうという姿勢があってこそ、種をまくということの意味が出てくるのです。

私も日々種をまいて営業活動をしています。まず、人に会うこと自体が種をまくということです。人に会って話題をつくること、宿題をいただくこと、宿題を出すこと、これらはいずれも種をまくことです。また、文章を書いて発表することで信用を得るという種まきの方法もあります。手紙やメールを出して人間関係をつくること、会食して腹を割って話し共感し合うことも、種をまくという行為の一種です。

要するに、人としての言動、活動のすべてが営業として種をまく行為につながるということを、弁護士は常に心しておかなければならないのです。

【情報発信はどのようにするか】

10 コンスタントに情報発信を続けることが依頼者との心の交流を可能とし信用を生み出す

前の項で、文章を書いて発表するということを、営業活動のための種まきという観点から書きましたが、こうした情報発信は、依頼者のニーズに応えていなければなりません。

それはどういうことかというと、依頼者の利益になる情報を発信し続けるということです。要するに、自分の情報を発信するのではなくて、自分が考えた「依頼者のためになる情報」を発信し続けなければならないということなのです。そうすれば、依頼者と私の間にレールが敷かれます。それがやがて2本になり3本になり、不動のレールとなったとき、依頼者と私は強い信頼感で結ばれるようになるのです。

そしてまた大切なことは、そのレールを通じて、反対に依頼者からもいろいろな情報をいただくことができるということです。依頼者からいろいろな情報を得れば、当然ながら自分の情報は2倍、3倍と増えていきます。それは、情報を提供した人と受け取った人との結びつきがより強まる、いわば依頼者との心の交流ができるということなのです。

私は、事務所を開設した頃から、情報を発信し続けてきました。たとえば事務所の広報紙である事務所報は、１９８９年8月、すなわち今から28年前に第1号を出し、今でも年２回発行し続けています。

また、私が主催する「法律実務セミナー」と題した講演会も、１９８６年から２０１０年まで、ほぼ毎年10回ほど開催し、延べ２３８回を数えました。このセミナーでは、私が優秀であると評価した弁護士に登壇をお願いし、講演会後、名刺交換会を行い、その弁護士を依頼者に紹介してきました。

優れた弁護士を依頼者に紹介すれば、依頼者が私を見限ってその弁護士に移ってしまう可能性もありますから、リスクのある行動であったと思います。しかし、そこであえて紹介し、人脈の輪を広げたほうが、最終的に得るものは大きいと判断したのです。

さらに、２０１１年4月にブログを開設し、コラムを執筆してきました。本書を出すきっかけもまた、私がブログで「弁護士の営業」というコラムを書いたことでした。

このように、情報発信と一口に言ってもさまざまな方法があります。先に述べたように、私は依頼者と心の交流を図るという目的でこれらを行ってきたのですが、情報を発信するという行為は、それだけではなく、自分自身を見直すための手段にもなり得るのです。

たとえば、「法律実務セミナー」においては、私は、講演が始まる前の紹介と、講演が終わった後のまとめのスピーチを毎回欠かさず行ってきました。

わずか1、2分程度のスピーチですが、講師の弁護士が取り上げるテーマについて簡単に解説すること、そして講演が終わった段階で講演の内容について適宜実務的な話をすることで、そのテーマに対する自分自身の意識が確立できるようになるのです。ですから、私は自分自身の力の鍛錬の場として、スピーチを続けてきました。

なお、情報を発信し続けるというのは、事務所の中で、何も私だけがすることではありません。所員ができるだけ多く情報を発信することが大切です。それにより、事務所全体の力がつくことになるからです。自分の実力を磨くという意味での情報発信は、事務所員全体でとりかかれば、私一人で行うよりももっと大きな力になり、もっと大きな成果を生むのです。

たとえば、私の事務所では先述の「法律実務セミナー」の他に、ほぼ毎月事務所の弁護士が登壇する講演会を開催していますが、この講演会には、事務所員全員に勉強する気持ちを抱かせることを目的として、若手の弁護士にも登壇の機会を与えています。こういった機会を設けてこそ、若手弁護士の物事を追求する姿勢を育成することができ、結果として依頼者との信頼関係が一層強まることになるのです。

最後に、情報を発信し続けるにあたっては、コンスタントに続けるということが非常に大切になります。なぜならば、依頼者がどのタイミングでどういった情報がほしいかはこちらにはわからないため、不定期な情報発信を行うことで、かえって依頼者を混乱させる可能性があるからです。ですが、たとえば毎週月曜日にこちらから情報を発信することが決まっていれば、依頼者は「自分に必要な情報かもしれない」と、関心を持ってそれを待ち、ひいては情報発信を待望してくれるようになる可能性があるからです。こういった定期性や持続性が、依頼者との間に信用を生むことにつながるのです。

【記憶に残る営業はどのようにするか】

11 新しい営業ツールで、特異性、独自性を発揮し、依頼者の記憶にとどめる

情報発信にブログを活用したことを書きましたが、私がそうした新しい営業ツールを積極的に取り入れるのは、若い経営者の方たちがブログなどの新しい営業ツールに馴染んでいることが大きな理由の一つです。

事務所の発展は、若い世代の方々の評価を得てこそ可能です。年配の方々の評価を得ることができてもそれは一時的なことで、結局は世の中の主導権は若い世代の方々の手に移っていくわけですから、いつも若い世代に働きかけて事務所の新しい情報を提供し、信用を得ることが必要なのです。そのためには、新しい営業ツールを利用した営業活動を続けなければならないのです。

私がコンピュータなどのＩＴについて、ほとんど知らないにもかかわらずこうした時代の変化に沿った営業ツールを取り入れるべく努力をしているのは、時代の波に遅れない、できることならば時代の波を先取りしたい気持ちがあってのことです。

また、どのような業界でも同じことですが、記憶に留めてもらうことが営業の本筋です。そ

のためには、他の弁護士とは違う特異性、独自性を発揮しなければ人の記憶には残らないのです。

人の記憶に残る一番よい方法は、講演や執筆を通じて自分の独自の見解を発表し続けることです。講演は、大勢の人に向かって直に話をするため、そこで特異性や独自性のある話ができれば、聞いている人たちに鮮明な印象を残すことができます。また、一人の人を相手にお話しするときは、直接対話をするという点で大勢を相手にする講演より一層相手に印象を与えることができるので、そういったときにも特異性や独自性を意識することは大切です。

最近の私の執筆活動としては、ブログを書くこと、新聞等に連載することを行っています。こういった活動は、名前を忘れられないために必要なことですし、また頭をクリアに保ち、自分自身を老いから遠ざけることができると同時に、今も現役であることを世の中に示すことができるため、私は体調が許す限り継続することとしています。

私は今年で80歳になりますが、人は歳をとれば当然忘れ去られていく運命にあります。それを防ぐためには、私はまだ生きているよ、頑張って仕事をしているよ、ということを皆さまに示すことが必要なのです。

また、私はよくクライアントやお世話になっている方たちのところに、表敬訪問と称して挨拶回りに伺いますが、これも相手に記憶してもらうために行っていることです。

地味な活動かもしれませんが、そこでの会話で、相手と話を合わせたり、話題をリードできたりすることを通じて、自身の日頃の勉強の成果を確認できます。そしてまた、何か事が起こったときに思い出してもらえるきっかけになれば、と考えて、できるだけたくさんの方たちのところへ伺うようにしています。

この表敬訪問においても、記憶に留めてもらうには、特異性や独自性を強調することが必要です。単に挨拶に来て、「こんにちは。いかがですか」という程度の話をして帰るのでは、特異性や独自性を発揮することはほとんどないでしょう。表敬訪問の前に入念に予習をして、的確かつ半歩先を行く鋭い話ができるよう、いつも心がけることが大切です。

半歩先と言いましたが、これは一歩先の話をすると、聞いている側には少し話が進みすぎているように感じられて、聞き流されてしまったり、嫌われてしまったりすることがあるからです。現在よりも少しだけ先、半歩先の話をして、自分の考えや見解はこうだということを上手に話すことで、嫌がられることなく相手の記憶に残ることができるのです。

【現代社会に適合した営業とは何か】

12 ＡＩに対応し、ハイテクとハイタッチを融合させて営業力を高める

昨今著しく進化しているＡＩ（Artifical Intelligence 人工知能）が、いよいよ弁護士業務に影響を与えようとしています。現在すでに実現可能とされているのは、資料の整理と書証の抽出です。膨大な資料の中から、訴訟資料となるものを自動的に見つけ出すＡＩプログラムは、実現されれば弁護士にとって大いに役立つツールとなるでしょう。

それから簡単な契約書案の作成です。書面を作成することは膨大なデータを蓄積し、引き出すことができる人工知能にかかれば簡易な作業に思われます。

その他にも、定型の法律相談はＡＩロボットが対応できる可能性が十分にあります。また、ＡＩの判断をセカンドオピニオンとして活用することは、より実現可能性が高いと言えるでしょう。たとえば、ＡＩが蓄積した膨大な資料に基づくオピニオンを法律相談の際に参考にするという方法は、これから十分ありうることです。

ＡＩ化に向き合うということに関し私が弁護士として一番気にしていることは、ＡＩによる全自動翻訳機がいつ登場するかということです。全自動翻訳機はすべての言語を日本語に翻訳

し、また日本語もすべての言語に翻訳します。これが登場すれば、外国人との意思疎通において最大の障壁となっている言語の違いという要因が解消されるため、弁護士が国際化せざるを得なくなるでしょう。

そうなると、日本語で日本の法律だけ勉強していたのでは、弁護士は仕事になりません。全自動翻訳機の登場は、弁護士の能力をより発揮できるチャンスにもなり得ますし、また落伍するリスクにもなり得ます。

チャンスとするためには、他言語を必ずしも完全でなくても、ある程度理解できることが必要になります。また言語だけではなく、それぞれが得意とする分野の諸外国におけるそれぞれの法律体系や法律用語、法的思考に馴染むための基礎的知識を習得することが肝要となります。

膨大な情報量を蓄積できるＡＩは、弁護士業務に取り入れられれば、人間の思考よりもはるかに詳細に、しかも深く案件を検討してくれるでしょう。そうなると大方の弁護士は必要なくなってしまいます。なぜならば人間は知識においてはＡＩに勝ることができないからです。

また、ＡＩはディープラーニングという学習能力を身に付けた結果、ＡＩ自体が感じ、思い、考えることができるようになりつつあり、近い将来、知識だけでなく人間の知恵も凌駕しかねません。人間がＡＩに完全に負けるかもしれないということです。

これを防ぎ、ＡＩと互角に戦っていくためには、ＡＩを利用するだけでなく、新しいＡＩを開発し取り入れる弁護士にならなくてはならないのです。こういったことは今の時代の弁護士には到底考えられないことです。

さて、迫りくるＡＩ時代に対応するために一番大事なことは、ＡＩに頼り切るまたは使われる弁護士になってはならないということでしょう。最近のＡＩは日に日に進化し続けています。しかし人間は年をとるにつれて退化せざるを得ません。年を取らずとも、弁護士になったことで有頂天になり退化が始まることもあります。

そういった中で弁護士業務にＡＩを導入しようとすれば、人間はＡＩを駆使できないどころか、ＡＩに全面的に依存するという現象が起きてしまうでしょう。そうなれば弁護士としての資格が生かされないことになります。

弁護士業務にＡＩを取り入れたとき、選択や決断において、弁護士が主体性を保てるかどうかが重要なのです。たとえば、資料などはＡＩを使えば簡単につくれますが、最終的な結果はその資料から何を選択して使用するかに委ねられます。判断は責任を伴うことになりますが、勇気を持ってそのリスクを負わなければ、ＡＩに使われるだけの弁護士になってしまうでしょう。

また、ハイテクの極みであるＡＩに頼り切った仕事をしていると、人間性を失った弁護士になりかねません。しかし、ハイテク化が進む社会では、人間性をより発揮する弁護士が求められるようになると私は思うのです。ですから、弁護士は巧みなコミュニケーションによって築かれるハイタッチ（心の触れ合い）を決して軽視しないことを心に留めておくべきでしょう。

【日々の営業で気を付けることは何か】

13 相手をよく知り、親切に対応し、感謝し、愛することが縁となり、営業につながる

弁護士は、何よりもまず親切でなければなりません。なぜかというと、弁護士という職業はサービス業だからです。サービス業というのは、すなわち相手を安堵させたり、依頼者に幸福感を抱かせたりすることが求められる事業です。ですから、親切な弁護士が依頼者に好感を与え、人気が出るのは当然のことと言えるでしょう。

しかし、弁護士は依頼者に親切にするだけではなく、感謝をすることも大切です。そして、感謝をすることは、依頼者を愛することにつながります。

愛するとはどういうことかといえば、「愛」という字が、心を真ん中に置いて受けると書くように、相手の心を真ん中に受けることでしょう。依頼者を愛するということは、その方に寄与し、さらに精神的に安堵させたいと思うこと、要するに弁護士業において求められているモチベーションを持つということなのです。

依頼者に感謝し、依頼者を愛するためには、依頼者をよく知らなければなりません。依頼者の有り様を知ることが、その親切心を知って感謝し、依頼者を愛することにつながるのです。

では、依頼者を愛することで得たモチベーションをどのように依頼者自身に伝えて、弁護士の営業につなげればよいのかというと、まず、感謝をしたときには、手紙やメールを送り、感謝の気持ちを率直に伝えることです。

そしてそこに、「またお会いしましょう」とか「次にお会いする日を楽しみにしています」とかいう一文を盛り込み、縁をつなげたいという意欲を相手に伝えることも大切です。さらに、「何か困ったことがありましたらいつでもご連絡ください」と積極的にアピールすることも忘れてはなりません。

お礼状なりお礼のメールを書くときは、それが単なるお礼を伝えるだけのものではなくて、縁をつなぐための方策だと認識して内容を練るのです。

この点、気を付けなければならないのが、縁をつなごうと必死になって文章が長くなることです。だらだらだらだら書くと、読み手は目を通すことが面倒になってしまいますので、私は極力短い文章で書くようにしています。ただし、どんなに小さなことであっても、その方について感動したことや感銘を受けたことなど、相手の心に残るような言葉を入れ込むことを常に意識しています。

このような努力を続けてこそ、依頼者にこちらの愛情が伝わり、引き続き依頼をしようと思ってもらえるようになるのです。

【依頼者から感謝されるときとは？】

14 心を込めて仕事をすると、心ある弁護士となり、依頼者から「ありがとう」をいただける

心を込めて仕事をすることは、依頼者に満足感を与えることであり、自分自身が満足感を得ることでもあります。そしてそれは達成感につながります。ですから弁護士は、充実した仕事をしたいと思うのであれば、心を込めることを旨としなければなりません。

では、心を込めて仕事をするとは、具体的にどういったことを指すかというと、依頼者の「心情」を理解し、親身になって、案件の解決に向けて動くということでしょう。

相手の「心情」を理解するためには、その相手との人間関係が深まるよう行動しなければなりません。

たとえば、関係者と食事を共にするという場面が弁護士の仕事においては度々ありますが、そうした会食や接待の目的は、単に依頼者の主張なり、相手方の主張なりを確認することだけではありません。食事を通じて人間関係を深めることこそが、会食の真の目的といってよいでしょう。

なぜなら、人間関係が深まれば深まるほど、相手の「心情」を正しく理解できるようになり、

その結果その人の本音を引き出して真実に到達することができるようになるからです。一見関係ないように思えますが、人間関係を深めることが、弁護士として正しい判断に至る助けとなることが多いのです。

そして、人間関係は相互理解なくして深まることはありませんから、弁護士が相手の人間性を知ると同時に、弁護士自身の人間性も相手に知ってもらう必要があります。

互いの人間の幅を相手に伝え、理解を深め合うためには、趣味嗜好の話をするのが一番手っ取り早いでしょう。趣味嗜好は誰もが同じというわけではありません。

たとえば絵画を見るのが好きだといっても、洋画とか日本画など、好むジャンルが異なることもあります。しかしどのような趣味嗜好であっても、自分が好きだと思うものについて、なぜ自分が惹かれるのかを分析して認識していなければ、会話の中で相手に説明することはできず、結果として相手に自分を深く理解してもらうことはできません。

ですから会食の前には予習をしておくことが必要です。そしてその際には、自分のことだけでなく相手の趣味嗜好についてもできるだけ情報を集めて、予習することが大切なのです。会食は、予習をしてこそ、意味のある場となります。

また、会食の場では、自分が語ることも必要ですが、なにはおいても相手に語らせることが大切です。そのための一番よい方法は、相手が関心を持っていることを話題にすることです。

もしくは、人は自慢話や手柄話をしたいものですから、そうしたことを語ってもらえるようにしましょう。この点でも予習をしたうえで、話を上手くそこへ導くことが肝要でしょう。自分の人間性をアピールする場合は、くどくど話をしても意味がありません。さりげなく、できれば実例を示して話をするとよいでしょう。

次に、依頼者に親身になって物事を処理するということですが、これは依頼者の悩み、苦しみ、そして気がかりなことをいち早く察知して、その解決に向けて動くことを意味します。

それには、特に用がなくても、時折顧問会社の関係者とお会いすることも必要です。なぜなら、顧問会社の担当者の方が問題意識を持たないでやり過ごしてしまっていることに気づくチャンスとなるからです。私は西武文理大学と仕事をしていますが、理事長の佐藤英樹氏が悩まれていることを知るために、ご要望を受けて、折々佐藤理事長にお会いしています。会うことが、佐藤理事長の不安感を和らげることに寄与しているのだと思います。

そして案件の解決に向かって動くということは、相手が悩んでいること、苦しんでいること、懸念していることに対していち早く、救いの手を差し伸べ、それらに対する解決策をいくつか提示することです。もちろん、こちらから提示した解決策だけでなく、相手が考えている解決策を探ることも大事です。そして、それについて弁護士から助言をすることが肝要です。

また、依頼者の早く解決したい、早く決着をつけたい、という思いに応えられるよう力を尽くし、できる限り早く案件を決着できるよう工夫しなければなりません。どのような工夫をするかといえば、依頼者の弱点を明確に指摘することです。もちろん明確に指摘するとなると、相手は興奮しますが、それは一時的なことであって時間が経つにつれて冷静になります。冷静になれば、おのずから正しい解決策を見極められるようになるのです。

ですから、できるかぎり早く案件を解決するのが心ある弁護士ということになりますが、実際には、仕事が早い弁護士だけでなく、遅い弁護士もいます。それを克服するためにはどうしたらよいかといえば、依頼者にタイムリミットを設定してもらうことが効果的でしょう。そうすれば、何としてでもそれに間に合わせようと弁護士は努力をせざるを得なくなります。依頼者である企業は競争場裡にあり、常に速さを競っていますから、そのスピードを邪魔しない、即座に対応する弁護士こそがよい弁護士と評価されるのは当然のことなのです。

最後に、心を込めて仕事をするようになると、関係者や時には相手側からも、ありがとうという言葉を受けることがあります。

「ありがとう」という言葉は、「有り難いことをしてくださった」という意味ですが、心を込めて仕事をしたときに相手方さえもそういった心境になるのは、心ある仕事をする弁護士が少ないということでしょうか。弁護士はこの「ありがとう」という言葉を何よりの報酬として、それを得るために心を込めて仕事に取り組むべきでしょう。

【信用を失わないために何をすべきか】

15 信用を失うのは一瞬だが、回復には途方もない時間がかかる

ほんのちょっとの油断が原因で大事が起こることを「千丈の堤も蟻の一穴から」と言います。一丈は十尺、一尺は約30センチメートルですから、千丈は3000メートル以上となり、極めて大きな堤ということになります。しかし、その大きく堅牢な堤でさえも、蟻が作った小さな穴から瓦解することがある。

人間社会における信用というのもこれと同様で、築き上げるのには、長期的かつひたむきな努力が必要とされますが、ごくわずかなことが原因で一瞬にして崩れ去ることが往々にしてあります。そしていったん崩れた信用を再び構築するためには、営々たる努力が求められることになるのです。このことは弁護士の仕事をするうえで常に肝に銘じておかなければなりません。

これに関し、弁護士業務を行うにあたっては、弁護士会から懲戒を受けるような行為をしてはならないことはいうまでもありません。そのような行為は弁護士会から罰せられるだけでなく、被害者からも糾弾され、刑事責任や民事責任が追及されるものです。そうなると、その行為一つで、弁護士としてひたむきに築き上げてきた信用がたちどころにすべて瓦解するような

ことになってしまうでしょう。

私自身は弁護士法違反を問われたこともないし、刑事、民事の責任を問われたこともありません。しかし、こういった問題はこちらに悪意がなくとも、ちょっとした行き違いで生じる可能性もあるので、業務を行う際には常に注意を怠らないようにしています。また、事務所に客員弁護士を迎え、80歳になる今でも先輩弁護士に私自身を監督し指導してもらっています。さらに、万が一の訴訟に備えて、弁護士賠償責任保険にも加入しています。

近年ではSNS（ソーシャルネットワーキングサービス）の発達で、誰もが自分の意見を簡単に社会に発信することができ、企業が末端の従業員やアルバイト等の情報漏えいから、危機に瀕することもめずらしくなくなってきました。

少し前には、不動産会社の女子従業員が著名な芸能人夫婦を賃貸物件に案内したことを自身のツィッター（Twitter）でつぶやいたことから、インターネット上で炎上し、結局会社が大々的に謝罪する事態に追い込まれたことがありました。

弁護士事務所の経営においても、従業員教育を末端まで徹底しなければなりません。そして万が一不祥事が起こった場合には、リスクマネジメントに長けた者が謝罪会見を行う等、初動対応は迅速かつ的確に行われなければならないでしょう。

しかし、弁護士が信用の瓦解を防ぐためには、何よりも弁護士の仕事に誇りを持って取り組むことが第一です。誇りを持って仕事をするとは、自分の仕事ぶりに自信をもち、世間から、また依頼者から指弾を受けないように気を配ることです。

この点私は、積極的に発言して、身を正すことに努めてきました。社会に向けて発言すればおのずから自分の矜持というものが生まれ、それを本能的に維持したいとするからです。人は、誇りを持てば、おのずからそれを傷つけるような行動を避けるようになります。そうすれば蟻の一穴も生じないのです。

【究極的な営業の武器とは何か】

16 人間性を養い、営業の武器としてこそ信頼を勝ち得る

優れた人間性とは何かといえば、良心を基軸として私心、邪心を極力排除する性質のことでしょう。そして夢や目標などの志を持っていることも大切です。

これを実現するためには、「人格」「識見」「手腕」「力量」「多芸多趣味」を備えることを心がけることです。

「人格」とは人の格であり、その人の核心にあるものにより決定されます。それは冒頭で述べた、良心に従って行動するか、あるいは私心、邪心に基づいて行動するかという問題です。人格者とは、良心と一体となって行動する人を指すのです。そして、私心、邪心に基づいて行動する人を悪人と言います。

人は、人格の完成を目指しますが、そのためには、理性はもちろんのこと感性、知性、心性の完成も同時に実現し、そのうえで一定の方向性を持つことが必要になります。

そしてそれだけでなく、重厚な感じ方、思い方、考え方を持つことも大切です。人格の完成とは、言ってみればバランスのとれた中庸に到達するということなのです。

「識見」とは、その人の思い方、考え方、感じ方を披露することで得られるものです。人に自分の思い方、考え方、感じ方を語って、相手が優れている、素晴らしい、意外だと思ったときに識見として評価されることになるのです。つまり、共感、共鳴、共振を呼ばなければ、識見とは言えないのです。

「手腕」とは物事を上手く処理していく能力だと一般的に言われていますが、段取りのうまさ、先を見通しての行動力のことでしょう。ですから、先見力、洞察力がある人を手腕のある人というのです。競争社会においては、手腕のある人が尊敬の眼差しを得るのは、当然のことと言えるでしょう。

「力量」というのは、辞書では「物事を成し遂げる力、その力の程度」と解説されています。達成度が高い人を力量のある人、達成度が低い人を力量のない人と言うのです。

野球において投手は、重い球を投げる、軽い球を投げるという評価を受けることがあります。同じボールを投げるという動作でも、打者に「打ちにくい」と感じさせるずっしりとした球が重い球であり、「打ち易い」という印象を与えるのが軽い球でしょう。力量のある人というのは相手に重いダメージを与える人ということです。そういった要素は競争社会において非常に重要な要素となるのです。

「多芸多趣味」というのは、「無用の用」ということです。この言葉は、私が好きな老荘思想発祥の言葉で、私のブログのタイトルにも使用しているのですが、本分から離れた領域で才能を発揮することが、本分での活躍にもつながるということです。

人間の幅を広くするために、多芸多趣味はよく推奨されます。多芸多趣味を実現するためには、日々を余裕を持って送ることが必要です。そうしてこそ幅の広い感性、思考、そして心性が生まれることでしょう。

さて、ここまで優れた人間性を得るために何をすればよいかを述べてきましたが、なぜ優れた人間性がそれほどまでに必要かというと、弁護士という仕事は、人から信頼される人間であることが非常に重要だからです。

私の知人で、株式会社新規開拓の代表取締役社長を務める朝倉千恵子氏は、常日頃から信頼される人間の条件として、嘘をつかないこと、言い訳をしないこと、話していることに一貫性があること、バーター取引をしないこと、いざというときに絶対逃げないこと、の5点を挙げています。

弁護士が、信頼性のある人間性を身に付けるためにすべきことは何でしょうか。まず一つは良心に従って、すなわち私心・邪心を排した言動をすること。二番目は、責任をとること、そしてその覚悟を持つこと。三番目は、愛情を持って人に接すること。私はこの三つが必要不可欠だと思います。

最後に、「人間性を養うために常日頃からどのようなことをされているのですか」と聞かれることがありますが、そういったときには私はこう答えています。「威張らず、おごらず、いつでもどこでも誰とでも、できるだけ同じように接するようにしています」。

第2章

信頼される弁護士力とは何か

【弁護士の力量は何で決まるか】

17 決断する、覚悟を持つ、責任をとる ——それが弁護士としての力量

弁護士は決断力を要する職業です。決断力が優れていればいるほど、弁護士として結果を残すことができます。

決断力というのは、確たる見通しのない先のことについて、一定の方向性を定め、それを追いかけることです。これは非常に大きなリスクを負う行動です。ですから、弁護士は勇気がなければなりません。そしてまた、弁護士は常に覚悟を負っていなければなりません。覚悟をするとは、物事を決断し、前向きに仕事をし、その結果に対して責任をとるということです。

弁護士の仕事においては、決断力が必要とされる機会に数多く遭遇します。私が経験した中で決断力がとりわけ必要とされたのは、企業の首席交渉員になったときです。私が首席交渉員になったのは労使紛争での団体交渉が多いのですが、公害をめぐって企業と被害者が交渉をするときに、加害者である企業を代表して首席交渉員になったこともあります。

そういったときには、もちろん十分に予習をしていきますが、投げかけられた質問に対して瞬時に的を射た回答をすることが求められます。そこで、どういった回答をするかを自分の中

で決定するために、決断力が必要になるのです。

そして、それには自分の発言について責任をとる覚悟も要します。そういった場では予習してきたことを踏まえながらも、交渉の成り行きに沿って、適切な発言をしなければならないのですが、それは逃げの発言ではなくて、問題解決に向けた積極的な発言でなければなりません。当然、相手方の思いと食い違うことも多々あります。しかし、責任をとるという覚悟を持って話せば、おのずから説得力は生まれるのです。

さて、では実際に決断するときに何に気を付けるべきかというと、まず決断は実行してこそ意味があるということを強く意識することでしょう。単に頭の中で決断しただけでは、それは空論にすぎません。決断において、まず大切なのは、それが実行できることなのかどうかを見極めることなのです。実行できないことはいくら決断しても空約束になってしまいます。そして空約束を繰り返していれば、当然信用されない弁護士になってしまいます。

また、悪手を指さないということも大切なポイントです。悪手とは将棋用語で「自分自身を不利にする最悪の一手」のことです。逆に最高の一手のことは最善手というそうです。人間は最善手を求めつづけるものですが、一流の棋士であっても毎回最善手を指せるとは限りません。実際には悪手でも最善手でもない一手が一番多いそうですが、そういった中で悪手だけは指さないようにすることが大事だそうです。

弁護士も、毎回最善手を求め続けることはよいことではありますが、時間が限られているときなどは、普通の良手でもよしとしなければならないこともあります。普通の良手が7割あってよいのです。残りの3割が最善手であれば、勝ちを制することはできます。そして悪手をささないためには、勉強し、経験を積むことも必要です。

なお、決断するに際しては、その理由を明確に意識し、説明できることが大事です。時には、はっきりとした理由が述べられないこともあると思いますが、そのようなときは抽象的な広い概念の言葉で語るしかないでしょう。

説明なくして判断を下しても、それは決断力があるとは言えません。そして、決断は誰もが納得できる理由でなされることが好ましいでしょう。しかし、実際には誰もが納得できる理由などというものは、ないことがほとんどです。どういった決断にしろ、何かしらの欠点はあるのです。

ですから欠点を覆い隠すだけの大義名分があるかどうかが、その決断を多くの人を納得させられるかの分岐点になります。大義名分とは志とかあるいは良心とか、さらには思いとかというものによって構成されるものですが、それが素晴らしいものであればあるほど、その決断は説得力を生み、人から評価されることになります。

なお、依頼者に対する助言の内容が、事件の展開に合わせて変更になったときは、変更になった理由を依頼者によく説明しなければなりません。ここで説明を怠ると、依頼者は発言が一貫しないとして弁護士に対して不信の念を持つようになります。それが深いか浅いかは別として、弁護士は自分の決断がどういった理由によるものなのかを、常に人に説明できるようにしておかなければならないのです。

18 条文に頼らないバランス感覚を磨く

【リーガルマインドには何が必要か】

法曹においては、リーガルマインドを体得していることが必要不可欠であるとはよく言われることです。では、「リーガルマインド」とは何かというと、法律の条文に頼らないで法律的な思考をすることだというのが私の考えです。

条文に頼ると、とかく一面的な思考になってしまいます。条文に頼らない答えを示すことは、その答えが自身の思考の上に成り立っているということを意味します。自身の思考の上に成り立っている答えとは、法律のみならず、さまざまな知識、知恵を駆使して導き出したものです。この答えを導き出す力こそがリーガルマインドだと私は思います。

要するに、「リーガルマインド」には、知識に裏付けされた論理的な思考力が必要だということです。これを得るには、さまざまな議論に触れ、あるいは書籍を読んで、正解は何かという直観力を身に付けることが役立つでしょう。五感だけでなく、第六感も働かせて、回答を導き出すのです。

私は依頼者と打合せをするとき、法律の条文について語ったことは一度もありません。それは何も私だけに限ったことではなくて、日頃から親しくお付き合いをさせていただいている久保利英明弁護士も、新聞に掲載されたインタビューでそのようなお話をされていました。条文に頼っていては、依頼者に対して説得力のある話はできないのです。

また、「リーガルマインド」にはバランス感覚も必要となります。弁護士のバッジには正義の女神の秤が描かれていますが、これは弁護士が公正と平等を実現すべくバランス感覚を尊ぶべき職業であることを表しています。一方に偏った知識、知恵だけでバランス感覚を保つことはできません。たくさんの知識、知恵を基礎としたバランス感覚があってこそ、リーガルマインドを備えていると言えるでしょう。

法律の条文はすべての事象について定められているわけではありません。条文化するにあたっては事実の一面を切り取っているのですが、バランス感覚があれば条文の文言にとらわれすぎることなく、あらゆる場合について正しい対処法を導き出すことができるからです。

論理的思考とバランス感覚。どちらかが欠けては、リーガルマインドは成り立ちません。リーガルマインドとは、論理的思考とバランス感覚が合体した上に成り立っているものなのです。

バランス感覚についてつけ加えるならば、目隠しをして秤と剣を持った正義の女神が司法のシンボルとされていることは一般によく知られているところでしょう。この正義の女神がなぜ目隠しをしているかというと、目に映る像に左右されては正確に均衡を図ることができないという意味が含まれているからです。

わかりやすい指標に左右されず、自分の心を基準としてバランス感覚を発揮するというのが弁護士の役割だと思います。その意味において、心の働きこそリーガルマインドの核であると言えるでしょう。

そして、人の心の有り様は社会の情勢の変化によって絶えず移り変わるものです。それに合わせて正義の内容も、変遷し変質します。最高裁判所の判断が時により異なることがありますが、それはまさにリーガルマインドの発露なのです。

【困難な案件にどう取り組むか】

19 果敢に取り組む、人より一歩先んじる精神が必要

仕事に果敢に取り組むこと、それは一歩でも前にという意識を常に持って物事に挑戦し続けることです。私は高齢のため健康状態は十全ではありませんが、それでも一歩踏み出そうとする意欲が、現在でも物事に果敢に取り組むという姿勢をつくり出しているのだと思います。

果敢に仕事をするとは具体的にどういうことを指すのかというと、まずはタイムリミットをいつも意識して、前倒しで仕事をすることです。時間に余裕があれば、依頼者も安心しますし、弁護士自身も精神的に落ち着きを持って仕事に取り組むことができます。

後倒しに仕事をすると、時間的な余裕がなくなり、依頼者も弁護士自身も不安になってしまいます。その結果、事件の処理が雑になれば、弁護士は依頼者からは委任契約を解約されたり、弁護士会から懲戒を受けたりするなどの責任を問われかねません。そのような事態に陥れば責任を果たさない弁護士として喧伝されるのと同じことです。依頼者から信頼される弁護士であるためには、タイムリミットを前倒しにするということを、いつも心がけなければなりません。

また、果敢に仕事に取り組むというのは、困難な案件に打ち勝つことです。困難に取り組む

となれば、そして困難を乗り超えなければならないとなれば、新しい知識、新しい知恵等を身に付けることが必要となります。ですから、困難な仕事は弁護士の競争力を高めるチャンスになり得るのです。

時に困難な仕事から逃げる弁護士がいますが、それはプレッシャーのかかる仕事をチャンスととらえず、ストレスととらえるからです。ストレスには誰しも避けたいという思いが募りがちです。しかし、これをチャンスだと思えば、積極的に取り組もうという姿勢が生まれます。そうすると、おのずから競争力が強まることになるのです。競争力が強まるとは、依頼者や世間から評価される土台ができるということです。つまり、果敢に攻めることは、弁護士として一歩先んずるということになるのです。

弁護士は、書くことも大事ですし、話をすることも、それに先立って読むことも大事です。執筆力、表現力、さらに分析力というものが必要だということです。加えて、先見性も必要になります。そして前述した、迅速性も必要です。訴訟において「遅れてしまいました」などと言って後手後手に回っていたのでは、負けることは必須です。さらに言えば、腰が軽いこと、つまり機動力が高いことも大切です。

果敢に仕事に取り組む中で、そういったさまざまな能力をできるだけバランスよく身に付けた者こそが、優れた弁護士になるのです。

【自らの価値を高めるには何をすべきか】

20 新しいことを提唱して、新しい分野を確立し、自らの存在価値を高める

私は自分で考えた新しいアイディアを、世に発表することを長年の習慣としてきました。私が提唱してきた新説は、ざっと数えても50以上あると思います。労働法、人事管理、労務管理に関するものに絞っても、20は新説を出しているでしょう。たとえば、労働契約を組織的な観点から見ることや、労働者のキャリア権の確立などをいち早く唱えてきたのです。

私がこのように新説を発表し続けてきたのは、自分の存在価値を自分自身に納得させるためでした。新説を発表するためには、自分の考え方をまとめなければなりません。そのためには、まず人の話をよく聞き、またいろいろな本を読み、そこから新しい考え方や知恵を呼び込むことが必要になります。

ピーター・ドラッカーはイノベーションということを繰り返し言っていますが、私にとって新説を発表することは、まさにイノベーション、すなわち創造的破壊をするということなのです。旧来の説にこだわっていては退化する一方です。既存の知識を十分に吸い上げて、それを超越した新しいアイディアを確立するといった活動は、自分自身の存在感を高めることに役立

ちます。

そしてまた、新しい説をつくり出すことは、自分自身を競争のない状態にする、つまり、他の人が競争できない自分だけの分野を確立するということでもあります。上手く行けば、その分野を一時的に独占することも可能かもしれません。

しかし、いったんはそうなっても、他の人がそれを学んで、さらに新しい説を提唱することもあるでしょう。ですから、絶えず知識を吸収し、新しいことを提唱し続けなければならないのです。

たとえば、メンタルヘルスについて、私は30年近くも前に『判例からみた企業における精神健康管理』という書籍を出版しています。これは労働新聞に1年近くにわたって執筆した連載をまとめたものですが、その当時は、メンタルヘルスという言葉すらほとんど耳にしなかった時代ですから、精神を健康管理するという意識も一般的に浸透していませんでした。

しかし、徐々にスピード化が進みつつあった社会において、この状態が加速していけば精神の均衡を崩す人が増え、いずれメンタルヘルスが大きな問題になるだろうと考えた私は、連載を行い、そのうえで単行本を世に出したのです。

その書籍では、自然との触れ合いを失い機械文明の中に生きることになった現代人が、そのスピードに追い付いていけないという現象から、メンタルヘルス疾患を引き起こすと立論し、メンタルヘルス疾患をさまざまな具体的事象から論じました。

たとえば、私が少年時代に、夏は蝉取りで汗だくになって野原を駆け回ったこと、冬は寒風に晒されながら凧揚げをしたことのように、かつて私たちが慣れ親しんだ具体的な事象を挙げ、それらが失われたことにより、メンタルヘルス疾患となる人がこれから増大するだろうと述べたのです。

そしてその後、実際にコンピュータ主流の高スピード時代が到来しました。自然と切り離された環境で生活する現代人の中で、メンタルヘルス疾患はみるみる増加していったのです。私の専門分野である労使紛争、あるいは従業員と使用者との事故、事件においても、メンタルヘルスが関与する事案は目に見えて増えていきました。

このように、新しいことを提唱するためには、時代を先読みしなければなりません。過去から現在までのことを詳しく調べるとともに、これからどのような時代に移っていくかを見通すことが必要なのです。

それには、学者の方たちと面識を持ち、彼らの意見を聞くことが有益です。弁護士はその職務上、いま目の前の事象にのみどうしても囚(とら)われてしまうものですが、学者は、過去のことを調べたうえで、次の時代にはどのようなことが起こるかを予測して、論文をまとめているからです。

私は独立して事務所を構えたとき、東京大学の労働法の若手の研究者の方々と親しくさせていただきました。そこで彼らの謦咳に接したことで、いろいろなことに関心を持って論文を読むようになり、知識の幅が広がったのです。こういったことが、自分自身の糧となり、見識を育くんでいくのです。

いま私が新しくまとめているテーマは、ＡＩとロボット、そして、認知症です。

ＡＩとロボットは、もちろんたくさんの方が研究していますが、法的な側面から研究している人は皆無に近いと言ってもよいと思います。

そもそも法的な書籍が出版された例がまだないのです。新聞記事、雑誌記事、インターネットでの情報を集約するなどして知識を豊富にし、また専門家の方々のお力を借りて、昨年（２０１６年）労働新聞で全12回の連載を行うともに、秋にはセミナーを開催し、発表の場を持つことができました。

認知症については、人間の寿命が長くなり、定年年齢の引上げや定年後再雇用が義務付けられるようになった現代では、これから労働法の分野においても問題になってくるに違いないと考え、勉強を始めました。認知症になるのは炭水化物過多な人である、緊張感を欠くと認知症になりやすい等、専門家だけではなく、一般の人たちの声や被治療者の声も広く集めて知識を深め、知恵を生み出そうとしているところです。

新しいアイディアを一つ発表し終わると、次の新しいアイディアが頭に浮かぶことがあります。一区切りついたことで頭の中に新しいことを考えるためのスペースができるのかもしれません。ですから、思いついた一つのアイディアをできるだけ早くまとめて発表すれば、次のアイディアが浮かぶことになり、このサイクルを習慣化すれば、どんどん自分の発想が豊かになっていくということでしょう。

自らの存在価値を高めたり、他者の追随を許さない自分だけの専門分野を確立したりするためには、スピード感を持って発想をまとめていくことが大切なのです。

【独り立ちできる弁護士になるには？】

21 独り立ちできない弁護士にならないために、切り開く力、営業力、庶務処理能力を高める

弁護士は、独り立ちできる能力を若いうちに身に付けるということが大切です。私は、その能力の中心は切り開く力だと思っています。

切り開く力というのは、すなわちリスクを負うことであり、また責任をとる覚悟ができているということです。独り立ちができない弁護士というのは結局、他の人に追随して、小判鮫商法に徹するしかないというような人です。

弁護士は弁護士法1条1項で定められているように、基本的人権を擁護し、社会正義を実現することが使命です。この使命を遂行するにあたって、弁護士が掲げる正義と他者が掲げる正義とが衝突することは頻繁にあることです。つまり、独り立ちできない弁護士というのは、社会正義を実現するための弁護士としては機能しないということです。それでは、弁護士になった意味はほとんどありません。

独り立ちできる弁護士になるためには、独自性を身に付け、競争力を持つことが必要不可欠です。そして、営業力がなければなりません。営業力については本書の第1章で詳しく述べま

したが、結局は人間性を磨き高めるということに集約されます。

人間性を磨くとは、それこそ難しいことですが、依頼者に信頼される人柄、つまり誠実で、嘘をつかない、迅速に対応をする、といったことであり、これらを弁護士は身に付けていなければいけません。そして法的に適切な、リーガルマインドに沿った意見を述べることができる能力も大切です。それは、依頼者を安堵させるからです。

実務的なことを言えば、書類を整理して保存するといったような単純な作業も、弁護士自身でできるようになることが重要です。弁護士の中には、机の上が整理整頓されていない者が多いとも聞きます。

弁護士は、証拠作成のために依頼者から大切な書類を預かることも多いものです。証拠は原本をなくしてしまったら、ほとんど証拠価値はなくなってしまうため、原本はきちんと保存しておかなければなりません。中には紛失を恐れて原本を預からないという弁護士もいるほどです。原本の保存方法の要は、重要書類として通常の書類とは分けて保存することです。これが大切なことです。

その他に弁護士の業務の中で大切なものとして、記録する、記録を残すという作業があります。法廷記録等や依頼者への報告書は直ちに作成し、後で見返しやすいように上手にファイリングする必要があります。その他にも、依頼者との打ち合わせ記録や、相手方の弁護士との打ち合わせ記録等も保存しなければなりません。

庶務的な仕事はつい疎かにしがちですが、独り立ちできる弁護士になるためには、身に付けるべき基本事項と言えるでしょう。杜撰な弁護士にならないためには、こういった作業を若いうちに自分で行い、できるようになっておく必要があるのです。

22

【弁護士として一流になるには?】

「思索の人」、「行動の人」から学び、弁護士として名を残す

異質な人と付き合うことは、自分と異なる価値観を認め、それを許容することに始まります。自分と違うからといって相手の価値観を否定していては、異質な人と付き合い、そこから学ぶことはできません。

弁護士はそれぞれ個性を持っています。ですから全員異質と言えば異質でしょう。しかし、その中でも際立って特色のある弁護士がいます。私にとって、特色ある弁護士といえば、やはり実務家として優れた弁護士です。その中でも知識をまとめる力のある人は、私にとっては非常にうらやましい存在なのです。なぜなら、私は大事には気が付くけれど、小事まで分析してそれをまとめる能力があまりないからです。

具体的に名前を挙げると、安西愈弁護士――彼は、細々した知識や事実をも集めて、それを体系化し、論稿としてまとめる能力が突出しています。細かな物事に気付くという才能、それをまとめ上げるという才能が私にはなかったので、私にとって安西弁護士は異質な弁護士でした。彼の存在に触発されて、自分も細々したものをまとめようという努力をしてきたのですが、

安西弁護士が執筆される書籍のクオリティにはとても届きませんでした。

しかし、そういった自分にはない能力を持った人に出会ったことで、おおざっぱな話や概念的な話に囚(とら)われやすいという自身の傾向に気付いて小さな事柄にも目を向けるようになり、それらを体系化しようという努力ができるようになったのです。それはまさに、自分の欠点を異質な人から学び、その人に一歩でも近づく努力をしてきたということです。

弁護士は、思索の人と行動の人の2パターンに分かれます。ある弁護士は「本を書くことは非効率だから自分はやらない」と言っていました。弁護士の中には執筆することに全く関心のない人も多いようです。しかしその彼は徹底した行動の人でした。それとは逆に、執筆活動に精力的に励む人もいます。

行動の人は、一つのことにこだわり、それを実現するために必死に努力します。思索の人は、常に新しいことを考えているため、自身の感じ方・思い方・考え方を刷新していくことができます。

深く追求するのが行動の人であり、いつも斬新さを求めている人は思索の人であると言ってよいでしょう。そしてまた、行動の人は、世の中を現実に変化させる力があり、思索の人は、死してなお名を残す力があります。

行動の人として私がまず思い浮かべるのは、脱原発運動で有名な河合弘之弁護士と、一票の格差問題に長年注力している升永英俊弁護士です。そして、思索の人といえば、自分の年齢と同じ数の書籍を出版することを目標に掲げ、現在70冊を超える書籍を出版している久保利英明弁護士です。私はそのどちらにも憧れ、それぞれの人と交わり続けてきました。

私が行動理念としている、広く考え、深く考え、工夫してもう一歩前にという姿勢を貫くためには、行動と思索の両方が必要です。ですから私は、弁護士としても、人間としても、こういった要素を持つ優れた先生方から学ぶことが必要だと考え、意識的に交流をするようにしてきたのです。

❖

【自信を持って発言するには？】

23 発言することを恐れない——そのために何をしたらよいか

私が自分の意見を発信し始めたのは、弁護士になって2年目のことでした。長野県経営者協会の故西原三郎専務に依頼されて、同協会から与えられたテーマについて論考を発信したことが始まりでした。

自分で考えたテーマについて意見を発信するのであれば、おのずから取り上げる事柄も限定されてしまいますが、このときは発信するテーマが先方から与えられていたために、未知の事柄を学び体系的にまとめるという作業が必要になりました。この仕事を通して私は大いに成長を促され、以後一つのテーマからさまざまなことを着想して文章をつくるようになったのです。

弁護士は意見を発信する、発言することを恐れてはなりません。自分の意見を世の中に発信するということは、人々の反発を招き、批判を浴びるという危険もあります。また、間違った意見を発信してしまう可能性もあるでしょう。

しかし、そういったリスクを乗り越えてでも発信しなければ、自分の意見が広く世に伝わることもありませんし、そのことは、世の中の進歩を遅らせる、さらには退歩させることにもつながりかねません。

この点、リスクを少しでも減らすためには、できるだけ多くの事実を把握して、正しい発言をするよう努めることが肝要でしょう。ですから、集めた事実から本質をとらえることができるよう、感覚を鋭くしていなければなりません。事実関係を正しくとらえ、その物事の本質を的確につかみ取る能力が大事になるのです。

私は実際に現場に行くことを重視しますが、それはそうすることで物事の原点・本質を感じることができるからです。原点を感じれば、真実に近づくことができ、正しい構想が生まれます。現場に行ってこそ、自分の感じ方、思い方、考え方が固まるのです。

また、発言することを恐れないということは、特定の相手方に対して自分の意向を正しく伝えるためにも必要なことです。弁護士は、相手方の意に沿わない発言をしなければならないことも多々あります。そのようなとき、人は単に驚くだけではなく、ショックを受けて、反発するものです。

しかし、それが、良心と大義名分に基づいたものであれば、最終的に人は納得するのです。大義名分に基づいた発言とは、6割から7割の人が賛同する、道義に沿った発言ということです。

私は、発言することを恐れないという性格をもともと備えていました。もちろん、相手の権力が強かったり、暴力的であったりしたときなどは、反発を受けて苦しいと思うときもありますが、相手が納得できるような話をすれば、結局は認めてもらえるだろうという、自分に対する自信と人に対する信頼感を持っているのです。

そして発言は、愛情を持って行うことも大切です。特に団体交渉のときは、愛情を持つことを意識して発言しなければなりません。自分の依頼者と意見が対立しているからといって、相手をむやみやたらに敵対視してはいけないのです。相手に対する敬意を持って、堂々とした、そして確固とした意見を述べてこそ、交渉は進展します。

さて、前項でも触れた升永英俊弁護士は、社会正義の実現を期して、自分の意見を発信する弁護士です。現在74歳の升永弁護士は、66歳のときに一人一票運動を開始したそうです。それは、升永弁護士がベテランの弁護士になっても、まだひたむきに勉強し続けたことの証左でしょう。

升永弁護士は、弁護士が弁護士法に定められている社会正義の実現のために存在すること、そしてそのためには弁護士は生涯、勉強しつづけなければならないということを体現しているといってよいでしょう。私も含めた他の弁護士は、升永弁護士の奮闘ぶりに一歩でも近づく努力をすることが、その責務であると思っています。

24 【なぜ弁護士は現場に行くのか】
現場に行くことは、弁護士としてのイロハのイ

紙の上やパソコンの画面の上だけで仕事をすると、着想は限定されてしまいます。しかし、現場に行けば、その現場の空気を吸い、においを感じ、明るさを確かめ、その広さ狭さを感じ取り、暑さ寒さを意識するなど、さまざまなことを肌で実感することで、新たな視点から物事を見ることができ、そこから新しい着想が生まれます。現場に行ってこそ、正しい弁護ができるのです。紙の上で作業をしていたら、それらのことを感じ取ることはできません。

私は、若いときからいつも現場に行っていました。現場に行けばたちどころに状況が把握できるからです。

たとえば、交通事故を担当したときは、事故の発生時刻に現場に行きました。もちろん日本には四季がありますので、春の事故であればできるだけ春の事故が発生した時刻の状態に近い時間に現場に行くことにしていました。茨城県の鹿島近辺で発生した交通事故を担当したときは、往復を含めて丸1日かけて、現場での確認作業を行い、結果、その現場が事故発生時には見通しのきく場所であったことを確認することができました。

また、私が弁護士になり、人事労務問題を担当した当初は、大型労使紛争が頻繁に起こっていました。それも今のような平安なものでなく、暴力化した紛争でした。そのような状況では、写真を見ても概観を把握できるだけであって、どのような状況で紛争が起こったかは現場を見なければわかりませんでした。ですから、弁護士が現場を見にいくのは、当時は至極当たり前のことだったのです。

このように、現場に行くことは、真実に裏付けられた強固な考えを生み出すことにつながるのです。そして、そういった考えは説得力を生みます。

私が最初に顧問になった会社の一つに、愛国鍍金工業株式会社（現：平澤鉄構工株式会社）という会社がありました。同社は著名な鍍金会社で、国会議事堂の鍍金もしたそうで、高松宮両殿下が工場の視察に訪れるほどでした。当時専務であった平澤好宏氏は、私が同社の鍍金工場を訪問した際に、大いに歓迎してくださり、すぐに顧問契約を結ぶことを決めてくださりました。

このように、現場に行くということは、依頼者を安堵させ、弁護士に対する信頼を生むという効果もあるのです。

今の若い弁護士は、メールで状況を確認するだけです。それでは、現場のイメージが湧くわけがありません。私は若い弁護士に「現場を確認しなさい」、「会社を表敬訪問し、現実に起こった場所を確認しなさい」と勧めているのですが、若い弁護士は会社に行ってもただ挨拶するだけで、現場を見ない傾向が強いのです。

その結果、彼らは事実を把握する力が脆弱化していると言ってよいでしょう。訴訟や相談案件でも、現場を見てその状況をイメージしたうえで、助言することが大切で、事実をイメージできていないまま助言することは適切とは言えません。

警察官はよく「現場100回」という言葉を使います。これは、事実関係に近づくために一生懸命努力することを意味しますが、弁護士も同様にこれを意識しなければなりません。

事実関係を確定してこそ、初めて問題解決の糸口をつかむことができ、それが事件の公正な解決につながるのです。現場に行くことは、弁護士のイロハのイと言ってよいでしょう。

【勝ち筋かどうか見極めるには？】

25 道理七分、無理三分の考え方で、人を動かす、勝訴を導く、勝ち筋負け筋を見極める

以前、日本経済新聞夕刊の連載「あすへの話題」に私の知人で元通商産業省の航空機武器課長等を経て、審議官になられた坂本吉弘氏が寄稿していたのですが、その中で、故渡辺美智雄氏が通産大臣に就任されたときに通産官僚を相手に「君たちは道理を考えなさい。私は政治家として無理を構想します。道理七分で無理三分でしか大事は成らない」と言ったという話を読みました。

「道理七分、無理三分」――その考え方は、私の感覚にとてもフィットしました。それ以来私は「道理七分、無理三分」ということを、いつも意識してきたのです。

仕事を行ううえで、大きなことを達成しようとすれば、既存の秩序を打破し、新説を立てる必要に迫られますので、そのための無理が弁護士には必ず必要になります。その無理を道理で補うことが、人生を生きる術であり、弁護士としてのあるべき姿なのだと思います。

私は事件処理においても、「道理七分、無理三分」をモットーに対処してきました。道理だけを気にしていたのでは依頼者の納得する結果を収めることはできません。無理があって初め

て物事は動くのです。しかし、無理すぎると法に反することになってしまうので、その割合は上手に衡量しなければなりません。

この点、勝ち筋の事件を処理することは、一見とても簡単なように思えますが、相手方がこちら側の三分の弱点を指摘してきたときに、七分の道理がある依頼者が負けないように気をつけなければなりません。勝ち筋の基盤がより強固なものとなるように、正しい論理展開と表現力が必要とされるのです。

そして、負け筋の事件を引き受けたときは、和解を心がけなければなりません。勝てないまでも依頼者側にも少しは理があるということを主張しなければならないし、それによって裁判官のシンパシーを得なければなりません。ここに弁護士としての腕が必要とされるのです。

和解をするにあたっては、当事者である依頼者の了解が必要です。当事者が反対をしているのに弁護士が勝手に和解をするわけにはいきません。ですから、当事者を説得する力も必要になってくるのです。

なお、負け筋の案件について無理をするときは、その無理が三分なのか、それとも四分なのか、五分なのかを正確に見定めることが重要です。その最良の方法は、関係資料をひたむきに収集すること、できるだけ微細な資料も集めることでしょう。そうすることで、無理の割合を、一分、二分と減らしていくのです。

また道理か無理かの判断には、書証などの決定的な証拠や裏付け資料があるかどうかが大いに関係してきます。証拠の価値は、直接証拠、間接証拠や伝聞証拠か否かにより左右されるので、それらを踏まえたうえで、事件が勝ち筋か負け筋かを正確に見極めることが肝要でしょう。

最後に、三分の無理のためには何をすればよいかというと、相手の心を動かせるように大きな挑戦をすることでしょう。人は何から何まで理屈どおりに動くわけではありません。共感や感動が、人を動かすのです。

【交渉の基本的な方法は？】

26 交渉には基本設計が必要であり、相手方の基本設計を想定したうえで当方の基本設計を検討する必要がある

交渉には基本設計を作成することが必要とされます。簡単に言うと、交渉の対応をする際に、相手方の出方を2、3通り予測したうえで、こちらの対応を決めておくというものです。そして交渉は、知り得たすべての情報から、ありとあらゆることを想定して、準備万端で臨まなければなりません。

時に、相手方がこちらの予測外の対応をすることもあるので、そういった場合は当意即妙に切り返しをしなければなりません。つまり、基本設計を作成し、それをベースに交渉はするけれども、それにこだわりすぎてはならず、アドリブを効かせなくてはいけないということです。したがって、アドリブが効かない人は交渉適格者ではないと言えるでしょう。交渉は、口八丁手八丁でもいけないし、頑なで同じ話しかできない人も向いていないのです。交渉に向いている人とは、設計した基本を常時意識しながら交渉を進め、同時にその場にあった発言ができる人を言うのです。

私は、昭和45年ごろから「団体交渉覚書」という原稿を労働経済判例速報に寄稿していまし

たが、その頃は団体交渉をそのように文章にすることすら皆関心がなかった時代でした。私は交渉にあたって基本設計をするという概念を誰から教わるでもなく考え付いたのですが、諸外国には以前から存在したようです。諸外国の大学、特にアメリカの大学における交渉技術を教える授業においては、そこまでやるかというくらい交渉について深く検討し、研究をしています。

私の「団体交渉覚書」は発表当時おかしな原稿だと思われていたかもしれませんが、欧米ではごく当たり前のことだったのです。しかし、日本においては、現在でも弁護士は交渉の設計という概念を持っていないように思います。

では、交渉の基本設計とは具体的にどのように行うものなのかというと、私は交渉に当たるとき、まず、依頼者側にいくつ有利な点があるか、相手方にいくつ有利な点があるかを整理します。それぞれの主張の欠点も整理します。そして、整理したそれぞれの点について、依頼者と相手方の利害を考える、金額について依頼者と相手方が譲歩可能な範囲を想定する、というようなことを日頃から行ってきました。

交渉のタイムライン（進行表）を作成することも必要です。リストラ案件を担当したときには、詳細な進行表を作成して、円滑に推進することを自らに課していました。

また、依頼者側あるいは相手方が、妥結点として何を求めているかということから検討を始めるという方法もあります。上記の「団体交渉覚書」の中で私は、想定妥結点という概念を作成し、最終的にそこに落ち着かせることが交渉の手腕があるということだと書きました。

妥結点は、依頼者側の主張を三つほど書き出し、また相手方の主張を三つほど推し計るのです。そしてそれらの欠点をそれぞれ分析することも忘れてはなりません。交渉は、双方の三つずつの主だった主張を中心として展開することがほとんどですが、それらを明確にして、演繹的かつ立体的に交渉の妥結点に至る論理を構成するのです。

なお、交渉を設計するにあたって、基本設計を構築したものの、その後180度異なった状況になってしまった場合、基本設計をあらためて一から構築しなければならないということを心しておかなければなりません。なぜなら、状況の変化により、その後思いがけない事態が起こり得るからです。交渉を有利に運ぶためには、こういったときでも手を抜かないことが大切です。

また、交渉の基本設計は、依頼者側の立場から作成するだけでなく、相手方の立場から作成することも肝要です。そして、それらを比較して、その相違点と一致点を確認するのです。一致点を一つでも見つけたら、そこを支点として一致点を増やす努力をしていきます。

ただし、相手方の基本設計の作成にあたっては、自分で行うと、依頼者側の基本設計と同じようなものになりがちですから、できたら第三者につくってもらったほうがよいでしょう。相手方の視点に立った基本設計を作成し、依頼者側のものとの対比を確認することが、基本設計の精緻さを確保する道だと思います。

【仕事を効率的に進めるにはどうすべきか】

27 仕事の処理順位、段取りに自分の型をつくり、迅速・効率的に仕事を進める

仕事を進めるにあたって、事前の準備がいかに重要かを表した言葉に、「段取り八分、仕事二分」という言葉があります。弁護士は、迅速かつ効率よく仕事を処理するために、自分にとってベストな仕事の型というものを自分で見つけていかなければなりません。その場しのぎで処理をしていたのでは、仕事に対する取組み方を確立しないまま、仕事に常に振り回されることになりかねません。

この点、私は易しいことはすぐやる、難しくて苦しいことは時間をかけてでも処理する、というように、難易度から判断する方法をとっています。

難しいことは、時間をかけて対応しなければなりません。そのためには、朝出勤したら真っ先にその仕事に取りかかり、これを継続することで、毎日少しでもよいので取り組む時間をつくることが肝要です。毎日取り組んでいると、その間にその仕事を解決するために必要な知識や知恵が蓄積されていき、最終的に解決に至る確率が高まるのです。

では知識や知恵はどのように取り入れるかというと、とにかく徹底的に調べることです。徹

底した調査により、難しい仕事をクリアするための糸口をつかむというのが、私の方策です。「急がば回れ」とはよく言ったもので、難しい仕事に直面したときは、早く解決したい気持ちに駆られるものですが、逡巡しながらも一つひとつクリアしていくことが大切でしょう。

また、緊急度、重要度という判別の方法もあります。緊急度と重要度が高いものに最初に手をつけるのです。たとえばタイムリミットが決まっているものなどは、のんびりと処理するわけにはいきませんから、優先的に取りかかるべきでしょう。例外的に、難易度、緊急度、重要度が低く後回しにした仕事であっても、優先すべき仕事がはかどらないときには、リズムをつかむためにあえて手をつけてもよいでしょう。

その他に、その仕事に必要とされる専門性が、自分が専門とする分野と合致しているかという問題もあります。専門的な仕事について、自分に十分な知識や知恵がないときには、いさぎよく他の人の手に委ねることが必要です。その分野について勉強していない人は、その仕事を断念しなければならないのが筋でしょう。これを検討する際は、自分の手に負える仕事かどうかを客観的に判断することです。そうしてこそ、初めて弁護士としての役割が担えるのです。

仕事の段取り、処理の仕方や順位を考える際の判断要素は、その仕事の難易度、緊急性、重要性、専門性ということになります。そして、私が実際に判断する順序は、まず専門性、難易度そして緊急性、重要性になってきます。

一点注意しなければならないのが、報酬の額を判断要素の一つとしない、ということです。報酬を意識しないで仕事それ自体だけを見て処理の仕方や順位を決めることが、よい対応につながります。仕事それ自体に打ち込むということが必要なのです。

こうして仕事の順序が決まれば、後は、より深く、より広く、工夫して一歩前に進むということだけに集中するのみです。前進といっても、一歩後退二歩前進というように、時に後退することもありますが、常に新しい着想を得る、新しい観点を考える、新しい考え方に挑むという心構えでいることが大事です。そうでないと少しずつでも歩を進めることはできません。そうして地道な努力をしてこそ、弁護士は他の弁護士より抜きんでた成果が挙げられるのです。

【スケジュールの立て方のコツは？】

28 スケジュールは見直すこと、リカバリーすること、オンとオフを切り替えることが重要

弁護士は多忙な職業です。ですから、スケジュールは計画的に立てることが必要になります。スケジュールを組むときに私が第一の原則としているのは、早め早めに行動する、前倒しで仕事を処理する、ということです。

第二の原則は何かと言うと、仕事の処理は中途半端で終わらせない、一つひとつきちんと区切りをつけていくということです。これは、最後まで決着をつけるということではなくて、ダラダラとしないために部分部分で区切りをつけていくということです。そのように処理をすれば、「塵も積もれば山となる」で、作業が進むにつれ処理も易しくなっていくのです。

第三の原則は、見直すことをいつも心がけるということです。二度三度検討すること、文章でいえば推敲ということですが、そういったことをスケジュールの組み立ての際にも行っています。

これらを踏まえたうえで、具体的に私がどのようにスケジュールを組んでいるかというと、とにかくまず、一人でできる仕事は朝早くに処理をするようにしています。

私は若い頃は朝6時に出勤し、午前9時か10時までには、その日の主な仕事を終えていました。もちろん日中も仕事をしていましたが、集中的に仕事をするためには、電話も掛かってこない、来客もない朝早い時間か、夜遅い時間に行う必要がありました。私は、朝型の人間だったので、朝6時から仕事をするようになったというわけです。

その当時、私の事務所の隣に事務所を構えていた河合弘之弁護士は、夜型の人でした。彼は、夜中の2時、3時まで仕事をしていました。私が朝6時から仕事をしていて、彼が夜中の3時まで仕事をするので、ビルの管理人から「寝る暇がない」というクレームがきたこともありました。

仕事のスタイルは、弁護士がそれぞれつくりあげていくものです。朝型や夜型といったことにこだわらず、「いかにして集中して仕事をする時間をつくるか」を念頭に置き、各自が自分に合ったスタイルをつくり上げていくことが大事でしょう。

さて、スケジュールは組んだものの、予定どおりに進まないということも多いものですが、それをどうやって補うかと言えば、休日に働く以外にないでしょう。電話も掛かってこない、訪問客もいない時間にリカバリーをするのです。そうなると、弁護士は仕事が忙しくなるにつれて、休日も働くことが習慣になります。

私も若い頃から休日に出勤していましたし、今でもしていますが、これは平日にはできないこと、たとえば新しいアイディアを生んだり、集中的に仕事をしたりするためでした。

このように仕事をしていると、依頼者も私が年がら年中仕事をしていることに気が付きます。そして、問題というのは平日の昼間だけに起こるわけではありません。依頼者は、休日や夜中にふと不安になることもあります。また、依頼者の中にも、休日や夜も仕事をしている方も大勢いらっしゃいます。現在の国際化の時代ではなおさらです。そうすると何か問題が起こったときには、年がら年中働いている私に相談がくることになります。

つまり、長い時間働くことは、依頼者に頼られる弁護士になる近道なのです。今は、9時から5時までなどと言っていたのでは、弁護士はとても社会に対応できません。

このように、弁護士は、平日は24時間仕事のことを考えることになります。そしてそれだけでは足りず、休日も頭を回転させなければなりません。それだけにオンとオフの切り替えが非常に大切になります。これが上手でないと弁護士はつぶれてしまいます。

スケジュールは上手く管理し、自分が息抜きできる時間をつくる、自分がオフのときには代理となる人に働いてもらうことが弁護士として長期にわたって活躍するためのコツと言えるでしょう。

【弁護士は何のためにあるのか】

29 弁護士は社会正義の実現と、社会貢献に生きなければならない

弁護士は社会正義を実現するために何をすればよいのでしょうか。私の意見では、自分の時間を犠牲にして、世のため人のために行動するということです。これが、弁護士法1条1項に定められている、社会に貢献するという弁護士のあり方に直結する働き方だと思います。

では、弁護士にとって正義とは何かといえば、第一に紛争を早く解決することでしょう。それは依頼者を安心させるだけでなく、社会の安定に寄与します。

二番目には、迅速なだけではなく、依頼者が満足する形で、案件を解決することです。時にわがままな我見を持つ依頼者もいますが、そのような依頼者であっても納得させたうえで解決することが大事です。

三番目には、依頼者から次の依頼者を紹介していただくことです。早く、しかも納得のいく解決をして満足した依頼者が、新しい事案を紹介してくださることは、弁護士としての矜持を維持するだけでなく、社会の安定にもつながるからです。

そして、依頼者だけでなく、広く社会に貢献するということも、弁護士の社会正義です。私

も弁護士になって50年余、ささやかながら社会貢献に努めてきました。

たとえば、第1章10でも触れましたが、毎月1回（年10回）、当事務所主催でセミナーを開催し、他事務所の弁護士などを講師として招き、登壇していただいていました。それは、主に依頼者に役立つことをしたいと考えて行っていたのですが、依頼者でない方たちも聴講できるようにしていました。そこで講演してくださった弁護士らは皆、一流の方たちばかりだったので、私自身にとっては危険な行為でした。聴講して感じ入った方たちが、顧問契約をその弁護士たちに移してしまう危険もあったのです。しかし、あえてそれをしたのは、弁護士にもさまざまな人がいる、さまざまな考え方をする人がいる、さまざまな行動をとる人がいる、という弁護士の幅広さを皆さまに知っていただきたかったからでした。そこには、社会貢献活動の一環であるという意識が常にありました。

また、一時、東北地方、具体的な候補地としては岩手県に事務所の支店をつくろうとしたことがあります。最終的には人材などの関係で断念せざるを得なかったのですが、弁護士不足解消のために過疎地に公設事務所をおくという日本弁護士連合会の活動を受けて、当事務所でも東北に一つブランチを置こうという構想だったのです。これも私なりの社会貢献として、計画したものでした。

事務所ではなく私自身のことでいえば、最初に社会貢献活動を行ったのは趣味の絵画に関することでした。現在、イセ食品グループ代表取締役会長を務める伊勢彦信氏と提携して、日米美術協会を1989年にニューヨーク（NY）で設立したのです。その頃、度々海外に行っており、NYで伊勢氏とお会いして協会設立に至ったのですが、伊勢氏は私と同様に美術愛好家であって、また私とは違いコレクターとしても著名な方でした。そして、当時、NYの総領事・大使であった英（はなぶさ）正道氏に支援をいただきました。その協会の事業で一番力を入れたのは、海外で活躍している若手の日本人画家を紹介することで、この活動は10年ほど、続けました。

二番目の私の社会貢献活動は、公益財団法人日本盲導犬協会の理事長に就任したことです。当時、同協会の理事長は後に首相となった羽田孜（つとむ）氏だったのですが、協会で内紛が起こったため、羽田氏が国会議員であるご自身の立場を思案されて退任し、要請を受けて私が理事長に就任したのです。

この内紛は大変ごたごたしましたが、共産党の不破哲三氏にもお願いし、共産党からも支援を受けて無事解決することができました。当時は非常に多忙だったため、在任期間は2年ほどでしたが、大変喜ばしいことに私の退任後、日本盲導犬協会は隆々と発展していったのです。

また、やりかけたけれども最後まで終えることのできなかった仕事としては、キャリア権を社会に浸透させる取り組みがあります。キャリア権は、当時法政大学の諏訪康雄教授（現在は同大学名誉教授）が提唱した概念ですが、諏訪教授の論文に感銘を受けた私は、旗振り役としてキャリア権研究会を発足させました。残念ながら、私は耳の故障によって公の社会活動が難しくなり事実上引退していますが、今でも認定ＮＰＯ法人キャリア権推進ネットワークの監事を務めています。

これらが、私が事務所や個人で行った社会貢献活動です。今日の私の弁護士活動は、仕事の対価として報酬をいただく依頼者のみならず、いろいろな方々から無償の支援を受けて展開しています。私が弁護士として活動を続けていけるのは、そうした支えがあってこそという感謝の気持ちから、私は社会貢献活動に打ち込んできたのです。

第3章

安心を与える事務所力とは何か

【部下を育成するにはどうしたらよいか】

30 組織を強くするには、まず愛情を持って部下を指導し、育成することである

部下を指導するには、愛情を持って行うことが大切です。人間はそれぞれ個性がありますから、他人から逐一指導されると反発するようになります。しかし、愛情を持って相手に対峙すれば、部下もそのことを理解してくれて、反発心も弱まるでしょう。そうしてこそ、初めて真の指導を行うことが可能になるのです。

そして、人間は誰しも良心だけでなく、私心も邪心もあるものです。さらには勤勉なだけでなく、事なかれ主義に走ったり、怠慢になったりすることもあります。愛情を持って指導するというのは、そういった性質も念頭に置きながら指導をするということです。つまり、部下の中に良心を育て、私心や邪心を殺すように、また勤勉を尊び、事なかれ主義や怠慢に陥らないように、部下を上手に導くのです。

では愛情を持って部下に接するために、実際に何をしたらよいかというと、部下のよい所を見つけることでしょう。人は往々にして他人の欠点が気になるものですが、長所に着目することを心がけるのです。そうすれば言葉に出さずとも自分の好意が部下に伝わるようになり、ス

ムーズに指導が行えるようになります。

こうした育成概念がなぜ必要かといえば、事務所を経営する弁護士は自分の後継者を育てることを常に意識していかなければならないからです。後継者の育成はリーダーにとっては、一番大切なことと言っても過言ではありません。

この点、後継者たるべき者に、次のリーダーとなる資質があるかどうかということが重要なポイントとなります。今、中小企業において後継者が不足しているとよく言われますが、後継者となる資質を備えている人というのは、なかなかいないものです。ですから、リーダーは、部下が持っている後継者となるための資質の芽を上手く育てていかなければならないのです。

後継者たる人材を育成するためのポイントは何かといえば、一つはリーダーが自身の弁護士活動の中で成功したものを、後輩たちに伝えるということです。

私は実務の他に、講演活動、執筆活動を行って弁護士としての力を磨いてきました。ですから、後輩たちにも、井の中の蛙とならないよう対外的に話をすることや、新しい課題を見つけてそれについての論稿を発表することを勧めています。もちろん後輩たちがそれに応えて、実際にそれらの活動を行うかどうかは別問題ですが、まずリーダーからそうして働きかけることが大事だと思います。

そしてもう一つのポイントは、「継続は力なり」ということを教えることです。部下の中には、あきらめがちな者や、それ以前にそもそも意気込みがない者、積極的でない者がいますが、それでは彼らを後継者にすることはできません。

「継続は力なり」とは、単に同じことを続ければよいということではありません。常に新しい事柄や困難な事柄にチャレンジすることが必要だということを教えなければなりません。先にも述べた「石にも目がある」は私の好きな言葉の一つですが、困り果てて考え抜いて、やっと「目」を見つけるという成功体験を部下に味わわせることが必要なのです。

部下を育成するとは、独り立ちできる弁護士として育て上げるということです。往々にして、上司は部下を育てたがらないものですが、それは、自分の競争相手をつくり出したくないという一種の嫉妬です。部下を育成することで社会に貢献し、それが巡り巡って自分に返ってくるのだという意識を忘れないようにしましょう。

また、部下を育成するにあたっては、お金を対価としてはいけないということに気をつけなければなりません。お金を対価とすれば、何においてもまずお金を求める人格ができてしまいます。弁護士はお金ではなく仕事を追うという姿勢が大切です。部下が管理職になり、そしてまた経営者となったとき、お金を追う姿勢だけでは事務所が瓦解してしまいます。夢を見ること、社会に貢献することの大切さを教え、そういった人格を身に付けられるように絶えず部下を導いてこそ、事務所は組織として強化され、継続していくのです。

【部下とのコミュニケーションはどう図るか】

31 報連相を徹底させることが、組織力、事務所力を高めることにつながる

職場において報連相（報告・連絡・相談）が重視されるのは、人間にはコミュニケーションが必要だということの表れでしょう。コミュニケーションがあればこそ、人と人との間につながりができ、支え合うきっかけになります。そして互いに支え合ってこそ、組織や社会は円滑に機能するのです。

こういったことは依頼者と弁護士の間にもあてはまることなのです。弁護士は、いったん受任してしまうと横着になって、依頼者に報連相を行わなくなるきらいがあります。しかし、報連相を密に行ってこそ、弁護士は依頼者から信頼を勝ち得ることができるのです。そして信頼感こそが、依頼者と弁護士をつなぐ最大の要因です。ですから、弁護士は依頼者に徹底して報連相を行わなければなりません。

さて、職場内で報連相を重視すると言っても、部下が失敗を報告しないことは往々にしてあるものです。事務所の組織力を高めるために、そういった部下をどのように指導するかが問題になるのですが、それにはこちらから「悪い話は一番に報告してください」とか「悪い話はあ

りませんか」と、常に部下に確認することが必要になります。

私は事件について事務所の弁護士たちに、「勝ち筋ですか、負け筋ですか」とよく聞きますが、それは負け筋であれば、それ相応の対応を要するからです。

そしてまた私は、「克服策はありますか」ということも、度々部下に確認するようにしています。克服策とは、こちらのマイナス点をいかにしてプラスに、あるいはプラスにならないまでもマイナス点を弱める努力をするかということです。適切な克服策がないか相談するためには、よくないことであっても報告しないといけないため、このような問いかけをすれば、おのずと部下が現況を正直に話すことになるのです。

部下からの報連相不足を改善するために、私は事務所において「月初指導」という方法を編み出しました。それは、部下の担当案件をすべて書きだした用紙をそれぞれに渡して、その用紙に現況を書き込んだうえで、毎月月初に提出することを義務付けることで、事務所における定期的な報連相の機会を設けるという方法です。

一般的には、よい報告と一緒であれば、失敗したことも言いやすくなるでしょう。ですから、こういった方法をとることにより、よいこと、事務所にとって利益になることとともに、失敗や事務所にとって不利益になることを報告することを慣例化し、その都度、部下の姿勢を正してきたのです。

部下に報連相を徹底させるには、このようなことまでしなければなりません。そうしてこそ、組織を強化することができるのです。

【人材の配置はどのようにするか】

32 そば粉社員とつなぎ社員のバランスが大切
——組織を強化する個人を育成しマネジメントする

組織の力を最大限発揮できるようにして事務所を円滑に運営するためには、まず個人を育てなければなりません。しかしそうは言っても、個人は気質・性格・能力等々、千差万別です。気の強い人がいれば、気の弱い人もいるし、いつもポジティブな人がいれば、いつもネガティブな人もいる、というように、それぞれの個性があります。そういった個性を持つ個人をいかに適切に配置していくかが、組織力を発揮するために大切なことなのです。

個性や能力をもった個人と組織の関係を考察するとき、個人には「そば粉社員」に向く人と、「つなぎ社員」に向く人がいるという点は押さえておく必要があります。そば粉社員とつなぎ社員の話は、日刊現代にいた故浦上脩二氏から教わりました。それは、会社の中には、才能はあるが協調性のない「そば粉社員」と、才能はさほどないが協調性があり、組織を守る役割をしている「つなぎ社員」がいるという話でした。

浦上氏は、つなぎ社員だけでは組織は競争力を減退する。しかしそば粉社員だけでは協調性に欠けた軋む組織となり、継続できない。そばを作るには、そば粉とつなぎ粉を合体することが必要だ、そば粉社員、つなぎ社員が両方存在してこそ組織は成り立つ、と仰っていました。

問題は、成果主義の時代になって、そば粉社員が増えていることです。そうするとつなぎ社員の役割がいよいよ重要になってきます。つまり、そば粉社員とつなぎ社員の組み合わせが、組織の力を活かすうえで大きな課題になるということです。

また、そば粉社員、つなぎ社員という観点から話をしていますが、人にはそれ以外にも個性があります。ですから、そば粉社員もつなぎ社員も特性を伸ばしつつ、その他の個性に合わせて上手く人材を配置することが、組織力の強化のためには必要になるのです。

そして、経営者は、さまざまな個性を持つ部下の中から、自分の後継者となり得る者を選び、育てなければなりません。そのときに何を基準に判断すればよいかというと、何と言ってもまず、信望があることを重視して、そのうえで能力を評価するとよいでしょう。信望のない者が能力があったからといって、人の上に立つことはできません。部下の育成は、信望を得られる人材づくりから始まるのです。

人を育成する、その組織をまとめるには、マネジメントが必要です。そのためには単に能力があるだけでなく、信望があることも欠かせません。能力があり信望がある人が上司になって、指揮命令することが組織には大切なことなのです。部下である個々人も能力と信望とを兼ね揃えた人がよいのですが、必ずしも人間は両方の能力を兼ね揃えることができるものではありません。

組織の中で信望を得られる人間とはどういう者を指すかというと、第一は、嘘をつかないこと、ごまかさないことです。つまり、正直な人がまずは信望を得られる人なのです。

次に、少しでも先を読むことができる人も、これに当てはまります。過去のことばかり繰り返して言う人は、部下からの信望など得られません。また、あまりにも先のことを話しても、聴き手に突飛すぎるという印象を与えてしまうので、共感は得られないでしょう。現在のことを話し、そして一、二歩先の未来のことに少しだけ触れる人が、信望を得られるのです。

三番目は実行力があることです。実行力とは、物事の処理を後回しにしないことです。その中でも、常に先回りして仕事をする人が、一番よいでしょう。先回りしていれば、皆を自然に引っ張っていくことができるからです。

四番目に必要なのは、部下を褒めるとともに叱ることができる人です。部下の機嫌を伺って褒めてばかりいたのでは、失笑や嘲笑の対象となってしまいます。部下が間違ったことをしたときに、しっかり正すことができて、はじめて、信望のある人物となるのです。もちろん叱るということは「言うは易く行うは難し」ですが、そうであっても叱るべきときに叱らないと信望は生まれません。叱られてこそ、部下にも部下たる自覚が生まれるし、叱った人も適正に評価されることになるのです。

組織といっても、それは個人が集合して成り立っているものです。ですから、組織を強くするためには、個々人を強くしなければなりません。そして、組織の中で個々人がどのように働くかを的確に評価することが必要です。単独で優秀であっても組織で力を発揮できなければ意味がありませんし、また個人が組織を破壊、毀損するようなことがあってもいけないからです。

そうして、組織と個人を融合することが、組織力の強化とそれによる組織の継続においては、極めて重要なのです。

【定着する人材をどのように採用するか】

33 所員の定着性が、依頼者の信頼と事務所の伝統をつくりだす

法律事務所の運営にあたっては、所員の定着性を高めることが極めて重要になります。所員というと弁護士のことだと思いがちですが、実はスタッフの定着性もそれに劣らず大事です。スタッフを含めた所員が変わらないということは、依頼者を安心させるだけでなく、所員の精神的な落ち着きにもつながり、事務所全体の仕事の処理スピードとクオリティを高い水準で保つことができるからです。

定着性を高めるには、それなりの工夫が必要です。まず、採用の段階からそれを意識しなければなりません。

私が弁護士の採用の際に基準としていることを、以下にいくつか挙げてみましょう。

まず、私は、弁護士を採用するときは、毎回将来的にリーダーとなり得る高い能力を持った人を採用するようにしています。しかし基準が能力に偏りすぎると、弁護士間で軋轢が起こりかねませんから、単に能力があるだけでなく、協調性があることも重視しなければなりません。

では協調性のある弁護士を採用するためにとるべき方策はなにかというと、面接の際に、協

調性の有無が窺われるような質問をいくつかするとよいでしょう。もちろん採用後に共に働きだしてからでないと、完全に性格を把握することはできませんが、そんなことを言っていたのでは試用期間を1年くらい設けなくてはいけなくなってしまいます。ですから、面接のときにどういった問いかけをするかは非常に大事なのです。

なお、採用試験での質問では、協調性の他に、その人が誇っていることを聞くようにしています。そうすると、経験を踏まえて本人が語ることとなりますので、その人の人となりがよくわかるのです。この点、弱点は、仕事を共にしてみないとわかりません。なにしろ、人は本当の弱点は隠そうとするものだからです。

また、協調性との関係でいうと、明るいか否かも大切な基準の一つでしょう。弁護士の業務は必ずしも明るいものばかりとは言えません。むしろ紛争があってこそ弁護士の出番となるわけですから、そのほとんどが暗い出来事といってよいかもしれません。ですから、それにくじけず、明るさを保つことのできる人を採用したほうが、事務所の雰囲気が明るく保たれて仕事のしやすい環境となるのです。

協調性や明るさについては見極めるのが難しく、私も採用に失敗したことはあります。どのような人だったかというと、堅い、とも言えるのですが、殻にこもって仕事をする弁護士でした。そういった弁護士が一人でもいて、その個性を存分に発揮するとなると、当然のことながら事務所の中に違和感が生じることになります。そしてそれは、仕事におけるチームワークにもよくない影響を及ぼすのです。

次に、弁護士は弱々しくあってはいけない、というのが私の持論ですので、骨のある人かどうかも重視します。骨があるとは、リーダーシップをとれる人ということです。リーダーシップというのは非常に難しいもので、そのためには先見性、つまり他の人よりも先にアイディアを思い付くことが大切になります。そしてそのアイディアを皆に上手に説明し、説得できる能力も必要です。

この点、上手に説得するとはどういうことかというと、相手の意見を頭ごなしに否定するのではなく、相手の意見も聞き、理解を示したうえで、その人が協調できる範囲に限って自分の意見を伝えるということです。

さらに、目線が強いということも外せない条件です。採用の際には、私は必ずその人の目をよく見ることにしています。そして目が合うかどうかということだけでなく、目線の強さ弱さも確認するようにしています。

私の経験では、目線が強い人ほど人間観察力が強いように思われます。反対に、目線が弱い人は少々臆病な人が多いかもしれません。弁護士は問題解決のために困難を克服することを求められますから、臆病であってはいけません。

また、臆病でないと言っても、態度が大きい人も当然駄目です。採用試験で態度が大きい人などほとんどいないのですが、稀にそういった人もいます。

そして、冒頭に述べた定着性との関係でいえば、後輩を育成したいという気持ちのある人、事務所に長く勤めるという意思のある人を、私は求めています。早々と退職されてしまったのでは、育成もなにもあったものではありません。

こうしてざっと挙げただけでも協調性があるとか骨があるとか、望む条件は尽きないものです。しかし、結局は最後までやり抜くという性格を持った人を採用するのが一番です。粘りがある人、仕事を完遂するという意欲と決意を感じさせる人を、何よりも優先して採用するようにしています。

面接試験でそれを見極めるポイントとしては、投げかけられた質問に対して最後の結論まで筋道を立てて話をすることができるかどうかを見るのがよいでしょう。そして履歴書に書かれた文章を読み込み、そこからその人の性格を感じ取ることも、基本的なことですが大切です。

優れた性質を持つ人を採用して、手をかけて育成すれば、それは本人にとっては弁護士として大成する元となりますし、事務所にとっても歓迎すべきこととなるのです。

【事務所を立ち上げる際に何に注意すべきか】

34

事務所を立ち上げるときは、依頼者が来やすく、しかも自分の負担能力も考える

事務所を立ち上げるとき、どの程度の規模の事務所を目指すかは、誰しも迷うところです。事務所経営でいきなり躓(つまず)かないためには、一人で事務所を起こすときには、できるだけメンバーの数は少なくすることです。そして、仕事が増えたら、それに合わせて徐々に弁護士の数やスタッフの数を増やしていくのです。

弁護士事務所の経営は、堅実であることを旨としなければなりません。ですから、弁護士やスタッフの採用には慎重でなくてはいけません。事務所の規模は仕事の量に合わせるべきであって、見てくれだけ大きくするのは絶対にやめるべきなのです。

三人、五人といった数の弁護士が共同して事務所を起こすという場合には、アシスタントとなる弁護士をあらかじめ採用しておいたほうがよいでしょう。自分だけの仕事をする人が五人集まっても、事務所としては発展しません。アシスタントの弁護士は事務所が一丸となって仕事をするのに大いに役立つのです。スタッフも、必要最小限の数よりも少し多めに採用しないと上手く機能しないことは言うまでもないでしょう。

要するに、自分一人で事務所を立ち上げるか、あるいは他の弁護士と共同して事務所を起こすかによって、事務所の開設時に必要とされるメンバーの数が変わってくるということです。

次に、事務所をどこに構えるかということも、重要な問題となります。基本的に都心であればあるほどよいとは言えます。なぜならばそこで働きたいと思う人が多く、優秀な人間を集めやすいので、人材採用において苦労することが少なくなるからです。また、利便性や裁判所までの距離を考えると、やはりできるだけ都心で、駅に近い場所に事務所を構えたほうがよいように思います。

私の事務所は市ヶ谷法曹ビルにありますが、そもそも法曹ビルというものは、裁判所に近いところにあるものです。裁判所に近ければ、単に時間を節約できるというだけでなく、裁判所を利用する確率が高くなります。裁判所になじむことができるという理由から、裁判所に近い所に事務所を置く弁護士は多いものです。そして弁護士だけではなく、依頼者もまた、弁護士事務所が裁判所に近いことを望みます。依頼者にとっても弁護士事務所の近くに裁判所があるということになれば当然便利ですし、裁判所の近くにある弁護士事務所に対して安心もするのです。

都市部でなくても、駅に近いことは重要な要素です。それは依頼者にとっても弁護士にとっても、移動コストや移動時間が少なくて済むからです。駅前商店街という言葉がありますが、弁護士も駅前に事務所があれば便利ですし、事務所の存在を認知してもらいやすくなります。

私は40年ほど前に市ヶ谷法曹ビルに事務所を構えるまでは永田町法曹ビルにいました。当時、永田町法曹ビルは、一番近い駅は赤坂見附で少し距離があったのですが、市ヶ谷法曹ビルは駅から500メートル以内のところに位置しており、非常に便利だったことから、移転を決めました。市ヶ谷は、JRも通っており、地下鉄も3本通っていることから、アクセスしやすく、非常に好立地の場所なのです。

もちろん事務所を立ち上げた当初は、資金も限られているでしょうから、一等地は外さざるを得ないでしょう。しかし弁護士の依頼者はオフィス街にいることが多いので、できる限り一等地に近いところで家賃が低いところを探さなくてはなりません。事務所の初期の段階では、集客力と自分の支払能力を慎重に比較考慮することが必要となるでしょう。

また、企業ではなく一般の人たちを依頼者とする事務所は、依頼者が気後れしないような日常的な場所を選ぶべきです。気後れする立地や設備だと、敷居が高く感じられ、近寄り難くなってしまうからです。立地を決めるときは、事務所の経営に大きく関係するのだということを念頭に置いて、慎重に決めるべきなのです。

【事務所の事業計画はどのように立てるか】

35 弁護士事務所の事業計画は、「攻めるは守りなり」を基本に立案する

弁護士が事業計画を立てるということは、非常に難しいことです。弁護士業は、いつ起きるかわからないトラブルの発生があってこそ、成り立つからです。そこで、攻めつつ守ることを事業計画の基本とすべきです。将棋の用語でいえば「攻めるは守りなり」ということです。

事務所を円滑に経営するために私が行ってきたのは、新しい領域を常に開発するということです。団体交渉の技術をマスターし、団体交渉の覚書として文章化する。メンタルヘルスの対応策を模索し、そしてリストラの技術を新しくマスターする、というように常に攻めの姿勢を貫いてきました。それは社会の実勢に沿う、あるいは実勢を先取りして、新境地を確立していくということです。半歩先、一歩先を狙っていつも勉強し、仕事をすることが大事です。

メンタルヘルスについては、1984年に労働新聞に連載したものを1989年にまとめて書籍化しました。その後、急激にメンタルヘルスの問題が増えてきた際は、私はすでに発表していた自分なりのノウハウを持って対処しました。

また、リストラについては、バブル崩壊を先読みして準備して、1991年に最初の書籍を

出しました。バブル崩壊によるリストラの需要が実際に顕著になってきたのは、書籍刊行から2～3年後のことです。

情報発信もまた、攻めの一つです。弁護士は依頼者が来ることを待っていなければならないのですが、ただ待っているだけでは成果が挙がりません。攻めながら待つということが大切になるのです。私は、1989年に始めた事務所報での発信を皮切りに、いろいろな形で情報発信を行ってきました。それらはすべて待つことを、積極的かつ能動的に行うことで、攻めを基盤とした事業計画を立ててきたということです。

「攻めるは守りなり」というのは、事業計画における一つの方策にすぎませんが、弁護士の営業には極めて適切な方法であると思います。しかし、現状を維持していたのでは、変化の多いこれからの時代を乗り切ることはできないであろうと感じ、ここ数年は新たな事業計画を試行錯誤してきました。

その柱の一つが、新たな専門型事務所をめざすということでした。弁護士の守備範囲は大変広いものですが、当事務所は今まで人事労務だけに限定して仕事をしてきました。ですから、もう一つか二つ、新たな得意分野や専門のジャンルを開拓することを計画しています。

しかし、こういった計画は、弁護士らが熱意や覚悟、そして勇気を持って取り組まないと、絵に描いた餅になってしまいます。ですからリーダーは、弁護士たちが事務所の運営のために攻めの姿勢が必要であるという自覚を持つよう、上手く鼓舞することが求められるのです。

そして、事業計画のもう一つの柱は財務ですが、これに関しては、私は以前から熱心に進めてきました。まず、毎月1回は税理士を交えて定例の経理会議を行います。その内容は、過去2期の同月と比較して収益が上回っているか否かを確認するということから始まり、年間を通じてどれだけ収益が増減しているかを分析するというものです。

月ごとのデータを振り返り、詳細に分析することで反省点を見つけ、次の月次にはそれを乗り越えようという意欲が生まれるのです。

そして、経営の中核には、顧問料システムを据えてきました。個々の事件ごとの報酬で事務所の経営資金を賄うフロー方式では経営が不安定になりますから、ストック型の経営体制をとったのです。顧問料の額は、顧問先企業の従業員数を勘案して算定するという方式をとっています。

このようにストック型を採用すれば事務所の経営は安定し、その結果、当事務所の所員たちも心を落ち着けて業務に取り組むことができるようになります。そうすることが結局は依頼者の数を増やしていくことにつながるのです。

【マニュアルはどのように活用するのか】

36 マニュアルは絶えず刷新する、それを超えて仕事をするから意味がある

マニュアルというのは、仕事をするうえでしなければならない最低限のことが書いてあるものです。組織で仕事をする場合、マニュアルがもたらす効用はいろいろあるのです。

まず、マニュアルをつくらずに仕事をすると、各人が自身の見解に基づいて仕事に取り掛かることになりますから、仕事内容や進捗度がばらばらになってしまい、それを統一するのにまた時間を要することになります。

この点マニュアルを作成すれば、各人の仕事に対する理解を速めることができ、時間を短縮することにつながるのです。複数人で仕事をするときは、歩調が合わないことが往々にしてあります。しかし、マニュアルを作成することで、仕事に対して同一の理解を持つことができ、歩調が合わせやすくなるのです。

私は企業の方と協働して仕事をすることが多かったのですが、丁寧なマニュアルをつくると方向性が統一できるので、効率よく仕事を進められるということを、経験により学びました。

たとえばリストラ案件を担当したときは、一つひとつの作業の意味がはっきりすることで、人

員削減を迅速かつ円滑に処理することができるようになりました。

また、企業の再建にあたって、「マニュアルでV字回復する」ということがよく言われます。それは、手抜きをしていてはいけない、最低限のことは必ずするというようなことがマニュアルをつくることにより徹底されるようになり、その結果として業績の急激な回復につながるということだと思います。

構成員が打って一丸となることが経営の起爆剤ですが、この一丸となるにあたってマニュアルが大いに役立つということです。マニュアルなくして、経営はできないのです。

さらに、マニュアルがあると、その人の仕事の仕方がそれに沿っているかを周囲は判断しやすくなるため、各人が襟を正して仕事に取り組むようになります。

人は人に見られていることで、力を発揮するものです。マラソンランナーが、沿道に応援する人がいることで苦しいときでも頑張ることができるように、マニュアルによって仕事をするということは、上司や同僚に見られているからがんばらないといけない、と人に思わせる効果を生みます。

そして、マニュアルをつくることは、実はそれを超えて仕事をしようという意識を各人に持たせることができ、組織における仕事の水準を上げることにもつながります。これは特にグループで仕事をしたときに顕著に見られる傾向で、相手への競争意識からマニュアル以上の仕事をしようとがんばる者が続出するのです。

マニュアルに関して、一点注意をしなくてはいけないのが、マニュアルに基づいて仕事をするときは、旧態依然のマニュアルを使用してはならないということです。マニュアルは常に更新することが必要です。つまり、マニュアルにより組織の仕事の水準が上がったら、それに合わせてマニュアルの内容もヴァージョンアップしなければならないのです。

ここまでマニュアルの必要性について述べてきましたが、マニュアルだけで職業人としてあるいは専門家として高い成果を達成し続けることができるかといえば、そうではないことは言うまでもありません。

マニュアルは最低限度の仕事を定めたものですから、それを超えてこそ、レベルの高い仕事となるのです。創意工夫して、マニュアルを超えようとする意欲が大事です。

【スタッフを戦力にするにはどうするのがよいか】

37 スタッフと協働・連携して、打って一丸の起爆剤をつくる

「今日か明日までには、一つ仕事を終えなければならない」――弁護士というのはこのようにいつも仕事に追われていますから、スタッフとの連携もおろそかになりやすく、気を付けていないと期日が差し迫ってから慌てて指示を出すということになりがちです。

弁護士事務所ではスタッフと協働・連携することが非常に大事です。というのは、弁護士事務所は、弁護士で構成されている資格社会で戦うものですが、それにはスタッフの補佐が欠かせないからです。弁護士事務所は一致団結していなければならないのです。私はスタッフと直接交流を持って仕事をするよう常日頃から努めていますが、それはスタッフとの協働・連携を図ろうという意識があってのことなのです。

ところが若手の弁護士の中には、スタッフをおろそかにする人が時にいます。スタッフの能力や、あるいは誇りというものを頭に入れないで、唯我独尊的に弁護士業をしているのです。そういった弁護士がいては事務所の団結力は低下し、組織としての力を欠くことになります。

協働・連携するためには、スタッフの意見を尊重することが大事です。事件の解決にあたっ

ては、少しでも事案、事件を知っている人の意見を多く聞き、多面的に事件を理解することが必要になりますが、それには事務所のスタッフの意見を聞くのが一番適当でしょう。スタッフは事務所の事案によく親しんでいるからです。そこで聞いたスタッフの意見を尊重してこそ、より正確な法律関係、事実関係の把握が可能になり、事件の解決につながるのです。

スタッフとの協働・連携で私が常に心がけているのは、スタッフに戦力になってもらい、またスタッフ自身にその自覚を持ってもらうということです。そのためには弁護士の下請け仕事だけではなく、スタッフ自身が独自の意見を述べ、能力を発揮できる環境をつくることが大切です。そうすれば、おのずから協働・連携の実質ができてくるのです。

弁護士がスタッフに下請け仕事ばかりさせていたのでは、当然のことながら協働・連携していることにはなりません。スタッフの感じたこと、思ったこと、考えたことを仕事の中で活かすということが必要なのです。

たとえば私は原稿を書くときテープに文章を吹き込みますが、そのリライト作業をスタッフに任せます。スタッフはいろいろな資料を見ながらそれを補正していくのですが、その際にスタッフ自身の感じたこと、思ったこと、考えたことが文章に反映されるようになるのです。

スタッフとの協働・連携をスムーズにするために、私が最初に決めたのは、弁護士一人につきスタッフ一人を専属させるという方式をとらないということでした。弁護士一人にスタッフ一人という方式をとると、弁護士とスタッフの距離が近くなりすぎて、トラブルが頻発するおそれがあるのです。

私が事務所開設以来、一貫して採用しているのは、顧問先企業ごとにスタッフを配置するという方式です。この方式が成功したため、今日まで事務所内で無用のトラブルが起きることを回避することができたのです。

また、これはいろいろなところで度々述べているのですが、私は事務所のスタッフに対する指示は、常に持ち歩いているテープレコーダーに吹き込んで、翌週月曜日に皆に配るという方式をとっています。

なぜこのような方式をとっているかというと、書面にすると指示が定着しやすいからです。「詞(ことば)は飛び、書は残る」という言葉があるように、書面に残っていると人はその仕事を意識せざるを得なくなります。言いっぱなし、聞きっぱなしということがなくなるのです。また言い間違えや聞き間違いを防ぐこともできます。こういったことで事務所内の協働・連携を深めようと意図しているのです。

さて、今後訪れるであろうAI化時代を乗り切るために、弁護士はさまざまな工夫が必要になることは、第1章12にも述べましたが、スタッフについてもこれは同じです。

AI化時代がいよいよ進み、弁護士業にも本格的にAIが導入されるようになると、弁護士事務所も大きな変革を遂げるでしょう。まず弁護士事務所に特化したＡＩのソフトが各社で開発されると思います。

ＡＩに駆逐されないためには、事務職であるスタッフも勉強が必要になるということです。「彼を知り己を知れば百戦殆うからず」と言いますが、ＡＩを知りＡＩ以上の働きをしなければ生き残れないのだということを、スタッフも今から自覚することが大事です。

また、ＡＩやロボットは、杓子定規的な対応はできるけれど、「ハイタッチ」、つまり人との心の触れ合いを生む巧みなコミュニケーションがまだ十分にはできません。ですから、スタッフはそこに人間が生き残る余地があることを意識し、巧みな「ハイタッチ」ができるようコミュニケーションの能力を磨いていかなければならないでしょう。

【リーダーシップとは何か】

38 今求められるリーダーシップの第一の要件は創造性

組織を率いるためには、その組織の大小にかかわらず、トップの人間がリーダーシップを備えていることが必要です。

リーダーシップについてはいろいろと語られているところですが、私が考える今求められる経営者のリーダーシップの中身は何かと言えば、第一に創造性があることです。利益ではなくて創造性を旨とする、創造性を追求することでそれに伴って新しい価値やひいては利益が生まれるという考え方を持っていることが必要でしょう。

また、創造性は高次元で追求していくと、社会に役立とうという意識が強くなるものです。社会貢献をしてこそ、組織の経営は安定し、発展するということは、一般的に成功している企業などを見ても明らかなことです。

創造するということは、チャレンジすること、未知なる世界に解を求めるということです。私はいつも、先進的な考え方を積極的に学ぶことを心がけています。たとえば、本書でも何度も触れていますが、ＡＩやロボットに最近は関心を持っています。もちろん私はＡＩやロボットに対する深い知識は持っていませんが、それらはこれからの新しい時代を動かす原動力になるであろうと思い、少しでも理解できるよう努力しているのです。

創造性を追求していれば、当然ながら先進的な知識・知恵が浮かぶようになります。また、努力の過程や結果として行う論稿の発表やセミナーの開催、書籍の刊行などは、事務所の社会的評価となり、利益につながります。誰かの業績の後追いでは大した利益にはなりません。先進的な知識や知恵をもたらすテーマに積極的に取り組み、組織を活性化させることがリーダーシップの原点と言えるでしょう。

第二に、リーダーシップとは、率先して困難に挑戦することを要します。人間は困難を避けたがるものですが、それではリーダーシップはとれません。困難に直面すると、その人間の本性が出ます。そしてリーダーとしての資質の有無も現れます。ですから、つらいこと・苦しいこと・嫌なことに怯まず、率先して取り組むことで、皆の支持を得られるようになるのです。

特に、組織の運営――人・もの・金・信用・情報・組織・規約・帳簿――において、嫌なものの最たるものは人事関係です。しかし、リーダーがリーダーシップをとろうと思うのであれば、嫌であっても決断し実行することが必要になります。リーダーは単なる評論家であってはならず、自ら行動してこそリーダーたり得るのです。

たとえばスタッフを解雇することは、私にとっても嫌なことです。しかし、解雇することが円滑に事務所を運営するために必要であれば、私が決断して行わなければならないのです。

第三に、責任を転嫁しないことです。責任を人に押し付けると楽にはなりますが、そんな人は皆にリーダーとは認めてもらえないでしょう。責任をとるということを公然に言うことは、大きな覚悟を要しますが、その覚悟をしてこそ皆がついてくるようになるのです。

私は何か悪いことが起きたときも言い訳をしないことを自分に課しています。それをすると責任転嫁になりがちだからです。人のせいにしたり、世間のせいにしたりして、自分自身の失敗を覆い隠したくなるのが人間の性ですが、他の人はそういった説明を聞いてもそれが責任転嫁しているだけだと見抜きますから、結局リーダーシップはとれなくなってしまいます。

第四は、人の手柄を横取りしないということです。皆に尊重されるリーダーはこれを徹底しています。他人の成果を横取りするというのは、成果を挙げた人を褒めないということでもあります。褒めることを忘れ、嫌みだけを言うということになれば、皆から反発され、嫌われるようになるのは当然でしょう。

私は所員と書類を通じてやり取りするとき、「ありがとう」とか、「よくやりましたね」とか、「頑張ってください」といった言葉をよく書くようにしていますが、これはその人の成果を認めていることを積極的に伝えることも、リーダーの仕事だと思っているからです。部下の成果を認めて褒めることが、リーダーシップには求められるのです。

【マネジメントはどうするのか】

39 リーダーシップとマネジメントが一体となって目標は実現する

リーダーは目標を設定しなければなりません。そしてそれは、その組織の身の丈にあった目標でなければなりません。もちろん現状よりも高い目標を設定しなければなりませんが、だからと言ってとても到達できないような夢のような目標を設定してはいけません。これもリーダーシップの要諦です。

この目標設定との関係で、リーダーシップとマネジメントの違いを聞かれることがあります。一般には、リーダーシップは目標、夢を語ることであり、マネジメントはその目標を実現する手段を選択することである、と言われています。

しかし私は、リーダーシップとマネジメントは一体のものであると考えています。リーダーたるものは、目標を設定し、それを実現することに集中しなければならないのです。そのためには、当然のことながら達成するための手段を検討しなければなりません。

もちろん大きな組織であれば、リーダーシップとマネジメントは分化せざるを得ないでしょうが、弁護士事務所は一般的に小さな組織です。したがって、リーダーシップとマネジメントは、一体として考えるべきでしょう。

では、設定した目標を、選択した手段で、より早く実現するためには具体的にどうすればよいのでしょうか。

弁護士事務所は小さな組織であるといっても、それなりの人数が所属しています。そこで、何事も、リーダーの決裁のみで動くという体制をとっていれば、スピード感を欠くことになってしまいます。設定した目標が実現できない、あるいは、達成したとしても常に遅くなるということになれば、苛烈な競争に負けてしまうのです。

ですから、組織の中に管理職という階層を構成し、その人達に権限を分配することが必要になります。私の事務所は所属人数40人ほどの小規模な事務所ですから、一重構造の管理職という階層を設け、その管理職らが統一的に事務所の運営に関与するという体制をとっています。大きな組織になれば、管理職は二重構造、あるいは三重構造となるでしょう。

階層が一重であっても、二重、三重であっても、一体となって成果を挙げる、成果を求めるという点においては、リーダーと管理職の意思は統一されていなければなりません。

そして、権限を分配をするとは、管理職の能力や性格等の資質を信頼して、その自主性を尊重するということです。管理職といえども能力格差や性格格差は否めませんが、信じて任せることが組織の能力を発揮し、設定した目標をより早く達成するためには必要なのです。

【経営者がすべきことは何か】

40 組織のエンジンは、「身を以て範を示す」ことが実践できるかにかかっている

組織にはそれを動かすエンジンが必要です。私は「身を以て範を示す」という姿勢で何事にも臨むことにより、事務所のエンジン役となってきました。

具体的には、今はまず、朝は午前8時前後には出勤するようにしています。高齢になるといわゆる重役出勤になるのが一般的ですが、私は弁護士になった26歳の時から10時、11時に出勤したことは一度もありません。

そして、帰りも遅くまで仕事をしていました。事務所で最後の一人となるまで仕事をしたのは70歳近くまでで、その後は聴覚障害を患ったため、夕方18時前には帰らざるを得なくなりましたが、年末年始も含めて365日毎日、休みなく出勤し続けたのです。

海外へ出張しているときは、それぞれの訪問地で朝5時過ぎから仕事をしていました。スタッフが私の出張先と連携をとり、仕事ができる環境を整えてくれたからできたことです。

次に、思いついたことがあれば、夜中でもメモに書き留めています。これは湯川秀樹氏の『旅人　ある物理学者の回想』という本を読んだことがきっかけで始めました。湯川氏は偉大な理

論物理学者でしたが、彼は夜中に思いついたことを常にメモしたそうです。朝起きて見返すと、つまらないことばかりメモしていると思うそうですが、その中で10個に1個くらいは研究に値する発想があるという話を読んで以来、私も夜中のメモをするようにしたのです。

そして、仕事を進めるにあたっては、徹底的準備と徹底的調査を旨としています。それにより、雑に仕事に取り組むということがなくなりました。ただし、競争社会においては徹底的準備と徹底的調査といっても、スピードを持って行う必要があることは留意しなければなりません。

さらに、講演活動や執筆活動、最近ではブログによって、情報を発信し続けてきました。講演活動について言えば、最盛期では毎週2回の講演をこなしていました。もちろん講演にあたっても、徹底的準備と徹底的調査を行ってきたことは言うまでもありません。

執筆活動も力を入れて取り組んできました。労働新聞には今でも折に触れて執筆しています。最盛期には、同紙に「四時評論」という連載を2年以上にわたって連載していました。また、今までに47冊の書籍を発刊してきました。そうして自分自身の発言の場を確保するとともに、事務所を引っ張る梃子としてそれらの活動を活用してきたのです。

お酒に負けなかったことも、エンジンの一つとして挙げられるでしょう。私は、アルコールはそこそこ強いのですが、昼食会ではノンアルコールビールを飲み、夕食会では食前酒を飲む、という程度に抑えています。これは事務所の規律を確立するためです。

そして、名刺の管理を徹底しました。名刺の管理は初歩的なことですが、エンジンとして非常に大切なことです。人脈を形成、維持するためには、相手を知らなければなりません。その点、名刺に書かれている情報というのは、少しばかりであっても非常に貴重なものです。私は事務所開設以来、名刺を企業別、個人別に整理し、その人について知り得た最新の情報をいくらかでも書き込んで常に更新することで、徹底した情報の管理を行ってきました。

エンジンの最後は、努力した人に報いる、ということです。組織の中には、努力する人としない人がいます。たとえば仕事を割り振るときなどは、そういったことを念頭に置き、努力する人にチャンスを提供するよう意識しています。

以上七つのことを、「身を以て範を示す」ことで、私は事務所のエンジンの役割を果たしてきました。人を動かすためには、自分がまず率先して精力的に働かなければならないということです。

【引き際をどう考えるか】

41 引き際とは誰が決めるのか ――依頼者に必要とされる間は引き際はない

弁護士は定年退職というものがありませんから、自分で引き際を見極めなければなりません。年を重ねれば体力は落ちてきますし、物忘れが始まるという不安にさらされます。弁護士は年をとればとるほど自身の引き際について悩むようになるのです。

私が引き際を考え始めたときは、自分より優秀な人に事務所を継いでほしいという願望を持っており、その願望に適う人がいたら引退しようと考えていました。しかし年をとるにつれて、そのようなこととは関係なく、自分で引き際を定めてそれを実行したほうがよいのではないかと思うようになったのです。

私は引退にあたっては、80歳となる今までの自分の人生で発表してきた論説の中から30話から40話を選んで、それについてまとめた書籍を出版しようと思っています。それを終えれば仕事における生涯の目的を達成したとして、心置きなく引退できるだろうと思うのです。

私が引き際というものを考え始めたのは、今から10年程前の、70歳を超えたときです。しかし実は、その3年ほど前に体力の衰えを痛感し、後継者に引き継ぐ必要を感じ始めていました。

引き継ぐといっても、一気に仕事から手を引いてしまうと事務所も依頼者も混乱してしまいます。私は引退を考え始めてから10年くらいかけて、少しずつ少しずつ身を引いてきました。たとえば、私の事務所は市ヶ谷法曹ビルの7階に私の執務室があり、9階にその他の弁護士とスタッフが勤務しているオフィスがありますが、引退を意識し始めた頃から9階には年1、2回休日に短時間しか顔を出さないようにしたのです。土日にごくたまに顔を出し、スタッフが飾った写真や植木鉢から事務所の雰囲気を感じとるようにしています。

仕事に関していえば、意図的に裁判実務から遠ざかるようにしてきました。そして、経営管理などの仕事も、80歳の誕生日を迎えるのを機に徐々に引き継ぎたいと考えています。

さて、私が引き際を考えたきっかけは、体力の衰えであったと言いましたが、その他にも二つ、引き際を考えるべきだと私が考えるポイントがあります。

まず一つは、細かいことに気を配る力です。たとえば、私は長い間、部下の書いた裁判書面はすべて、秘書と音読して内容を確認し、修正すべき箇所を指示してきたのですが、そういった細かいことに気が付く力が年とともに衰えてきたことは否めません。

もう一つは、感情を抑える力です。人は理性が切れたときに感情的になります。理性を保つ力がないと、自分に不利なことを言われたときなど、怒りに駆られて行動してしまいがちになるのです。また、他人に対してやたら威張るようになったりもします。威張るとは、論理的な

理由がなく、自分のことを大げさにアピールすることですが、理性よりも感情が勝っていると
こういった行動に走りやすいのです。

これらの傾向が出始めたら、自分は理性を失い始めているのだと冷静に判断し、引き際を考
えるべきだということです。

私自身についていえば、私はスタッフに出す指示メモを1週間ごとに配るのですが、その数
は大体平均して毎週250から300、時に350を超します。まだ細かいことに気が付いて、
機を逃さず指示できていると思ってよいのでしょう。

感情的になるという点についても、私は弁護士業務を行うにあたって、長い間感情を殺すこ
とに終始していましたから、その習慣が今でも残っており、理性が切れてしまうことはまだあ
りません。

また、いろいろな人と交渉するために、どのような人でも態度を変えず接することを心がけ
ているため、威張るということもほとんどないのです。これは、青年時代から、威張ることを
しないたくさんのよい先輩に恵まれたお付き合いをしてきたことも、理由の一つでしょう。

このように、十数年にわたって引き際を見極めるということを自分なりに考えてきましたが、
最近は、弁護士の引き際は、最終的には依頼者が決めることだと思うようになりました。先に
も述べたように私は裁判実務から遠ざかるようにしているのですが、依頼者のほうから大変あ

りがたいことに、「先生に担当してほしい」といったご要望を今でも時々いただき、そういったときは直接会って話を聞くこともあります。

つまり、依頼者に必要とされる間は、引き際を決めて勝手に引退するなどということはなかなかできないということです。反対に、自分がやる気であっても、依頼者に、もう要らないよと言われてしまったら、引退を観念せざるを得ないというのが、弁護士の引き際について私が考えた究極的な結論です。

第4章
仕事を楽しむ人間力とは何か

【自己実現はどのようにすれば可能か】

42 絶え間なく登り続ける意志が自己実現を生む

相田みつを氏の言葉に「一生勉強一生青春」というものがあります。

この言葉は、年をとって体が固くなっても、頭や心まで固くなってはだめだということを意味しています。心が固くなると、感動したり感激したりすることがなくなります。一生青春を保つためには、心の柔らかさを保つこと、そしてそのためには具体的に何かに打ち込んでいくことが必要だ、と相田氏は語っています。

私はこの言葉を聞いて大いに共感しました。私は、人間の魅力の源泉は、一生何かに打ち込んでいくこと、すなわち生涯勉強する姿勢にあると思います。

人は大人になると好奇心が薄れるものですが、それでも「なぜ？　なぜ？」という単純な好奇心を持つことはあります。また、仕事をしていると、「もっともっと」という向上心が強まることもあります。そうすると、あらためて学習意欲が湧くようになるのです。生涯学習はそうした「好奇心」と「向上心」から始まるものです。

そうして始めた勉強であっても、現実には続けるのをつらいと思うこともあるでしょう。しかし、充実感や達成感を得るためには、中途半端で終わらせず継続しなければなりません。そうすることで初めて、人間に備わっている自己実現をしたいという本能を満たすことができるのです。

自己実現とは、登りつめることです。登りつめるとは、その分野におけるトップの人と、対等に話し合うことができるレベルの知識を持つということです。特定分野を専門とする人は、常に新しい知識や知恵を構築しています。その人たちと対等に話し合うためには、勉強し続けることで自らの知識や知恵を更新していかなければなりません。

そして、ある分野について峠を越えて頂上を極めたら、次の越すべきテーマを見つけるのです。テーマは適切なものを選ばなくてはなりませんし、より発展的なテーマでなくてはなりません。これを続けることで、生涯勉強を達成できるのです。

この点、続けるというのは習慣化ということですが、習慣は惰性につながりがちだということには気を付けなければなりません。生涯学習を習慣とするというのは、刷新し続けることを意味するのであって、惰性に陥ってはいけないのです。また、登り続けるには、登り続けるのだというはっきりとした向上心が必要です。

登り続けると峠に辿り着きますが、一つ峠を越すと新しい平野が見えてきます。そしてまた登り続けて別の峠に辿り着きそれを越すと、また新しい平野が見えてきます。頂上を極めれば、こうした平野を360度にわたって見渡すことができるでしょう。

加えて、登り続けるということは、振り返ることができるという意味でもあります。それができると振り返って自分の達成してきたことを確認し、より高みを目標にすることができるようになります。

そして、頂点を目指すためには、登るべき道を明確にしなければなりません。そうしないと成り行きに任せて、その場しのぎの勉強をしているだけになってしまうからです。目標を明確にしてこそ、一歩一歩着実に登り続けようという意思が生まれるのです。

生涯学習を達成するために私が日常的に心がけていることは、まず新聞をよく読むこと、幅広く雑誌に目を通すことです。私は毎日、日経新聞・読売新聞・朝日新聞の三紙をできるだけ隅から隅まで目を通すようにしています。

次にメモをすることです。メモをとると記憶にも残りますが、記録することにもなります。そうすることで、思いついたことを忘れず、それを土壌にして次なる行動を起こすことができるのです。

法は時代に合わせて変遷していくものであり、弁護士は常にそれを追うことが求められているため、生涯勉強は弁護士にとって必要不可欠です。ましてや、社会がどんどん変化していく現代においては、なおさらのことなのです。

43

【最後までやり抜くにはどうするか】

コツコツ仕事を続けられる前向きの執念が道を開く

仕事には勝負時というものがあります。しかし、それを意識しすぎてしまうと、とかく仕事を後回しにしがちになります。その結果、お尻に火がついてから仕事を始めるというような顛末になってしまうのです。そういったことが続くと仕事が上手く回らなくなってしまいますから、仕事は引き受けたらすぐに取りかかり、コツコツと進めることを旨としなければなりません。

もちろん、取りかかってもなかなか解決しない仕事もありますが、できることはすぐにやるという姿勢で着実に仕事をすることが大事です。簡単に言うと、一生懸命仕事をする、ということです。

私が80歳になった今でも努力をし続けるのは、努力をすることを一度でも止めたら自分が駄目になってしまうのではないか、という恐怖心があるからです。コツコツ努力をすることは絶えず自分の進歩を促します。時に現実に進歩しなかったとしても、進歩しようとしているのだという意識を持つことで、精神的な安心感を得ることができるのです。

また、コツコツ仕事をするということは、自問自答するチャンスを生みます。物事を熟慮する傾向にある人は自問自答することが多いものです。これは、反省心があることを意味しますが、一方で決断力に欠ける性質を表しているとも言えます。

人間はいつも自問自答と決断の境界に立っているものです。私は、決断力はあるほうだと思います。しかし何事もすぐ決めてしまうので、熟慮する人に比べると自問自答することが少なく、したがって哲学的なことは考えられません。そういった要素が欠けていると自覚しているからこそ、私は、自らに反省を促すためコツコツ仕事をして、自問自答する機会を意識的につくっているのです。

その他に私がコツコツ仕事をする原動力となっているのは、イノベーション、つまり思い過ごしがないように努め、常に自らを改革しようという意識です。これは弁護士として、また経営者としてリーダーシップを発揮するためには、自覚的に持たなければならないものだと思っています。

さて、コツコツと仕事に取り組み、最後までやり抜こうというとき、私が気にするのは、文章化できるかどうかということです。つまり、自分で考えた特異なアイディアを、文章にすることができれば、それはその仕事をやり抜くことができたということを意味します。

しかし、いろいろ調べたけれどアイディアが浮かばない、あるいはアイディアを文章としてまとめることができないということになれば、それは中途半端なところで終えるしかなく、やり抜くことができなかったということになるのです。

コツコツ仕事をするとは、その仕事に対して執念を持って取り組むということです。執念というと暗いイメージがありますが、そうではなく、良心に基づいた、すなわち私心、邪心を排した前向きの執念を持つことに、道を開き、夢を実現するための種があります。

いずれにしろ、「継続は力なり」ということです。

【情熱を持って仕事をするにはどうするか】

44 持続的に努力し情熱を持って仕事をしなければ、そこに人生はない

持続的に努力することの重要性は前項で語りましたが、それらは、夢やビジョン、目標というものを意識して初めてできることです。逆に言えば、夢やビジョンがなく努力し続けることなど誰にもできないのです。

そうしてみると、夢やビジョン、目標の設定こそ、仕事をするうえで大切なことだと言えます。ただし、弁護士について言えば、それらを設定するまでに、専門的な知識・能力を獲得することが前提となります。そうしてこそ初めて適切な目標を設定し、それに向けた適切な努力をすることができるのです。

そして、目標を設定したら、どこまで自分がその目標に近づいたかをこまめに確認することが必要です。そういった確認作業をしないと、意欲を保ち続けることは難しいからです。

万が一意欲を失ったときは、いったん休止し、時期をおいてまた再チャレンジするのがよいでしょう。そうすると、そのインターバルの期間に得た新しい経験や新しい着想を元に、再度持続的努力ができるようになることが往々にしてあるのです。

持続的努力が必要だといっても、世の中は移り変わっていくものですから、それに合わせてビジョンや目標の方向性を少し変化させなければならないこともあります。これを怠ると、頓珍漢な方向に突き進むなどということになりかねません。常にメディアや人から情報を収集し、微修正を加えることが肝要です。

そして、努力を続けるためには、仲間の存在も必要です。励まし合い、お互いに意見を交換し、切磋琢磨する仲間がいてこそ、人は頑張り続けることができるのです。

持続的努力をするということは、また、情熱を持って仕事をするということでもあります。では、仕事に対する情熱とは、どういったものを指すのでしょうか。

まず単純に、情熱とは、激しく高まった気持ち、感情が熱していること、と解釈されています。この点、仕事に対する情熱について、私独自の見解を述べると、「情」というのは心が真っ青であり、邪心がない状況で仕事をすることで、「熱」というのは激しいという意味です。つまり、空に抜けるような真っ青で純粋な心で激しく仕事をすることが、情熱を持って仕事をするということだと思うのです。

では、持続的努力をする、あるいは情熱を持って仕事をするために、どのようなビジョンを持つこと、または何を目標とすることがよいかというと、何といってもまずは依頼者に利益をもたらすことを目標とすべきです。そして、さらに社会に貢献しなければ社会で生き続けることはできませんから、社会に貢献することを目指し、最後に自己実現ということを意識するとよいでしょう。

「三方良し」という近江商人の商いの理念がありますが、依頼者、社会、自分という三方を明るくしたいという意識を持たなければ、努力を継続することも、また情熱を持って仕事を続けることもできません。自分自身の私利私欲のためだけに仕事をしていては、いずれ虚しさを感じるようになるのです。

☘

【精緻な文章はどのようにつくるか】

45

文は人をつなぐ第一歩、音読で精緻な文章をつくり、精緻な人物になる

文章は人柄の核となる脳によってつくられているため、その作者の思想や人柄が如実に表れるものです。語彙が豊富である、言葉が的確に使われている、表現が豊かである、逆に表現が乏しいといった文章における特徴から読み手は書き手の人柄を判断することができます。これを表したのが、「文は人なり」という言葉です。弁護士はその業務において書面を書くことが欠かせないので、文章力を身に付けることが切実に求められるのです。

文章力というのは、理性と感性とが相まったその人の人格が生み出すものです。文章力を磨くためには、理性と感性をまず磨くということが最優先事項となりますが、それは感じる、思う、考えるという三つの作業を常に意識して行うということです。そのためには、感じる、思う、考える対象となるさまざまなことを経験することが必要です。

そして文章というのは、読み手の興味を引くことを意識してつくられなくてはなりません。興味を引くと一言に言ってもそれには段階があります。第一段階はちょっとした注意を喚起すること、第二段階は深い関心を持ってもらうこと、第三段階は相手の心を捕まえるということ

です。

すなわち弁護士が書く文章というのは人をつなぐためのものですから、読み手に「会ってみたいな」、「話を聞いてみたいな」と思ってもらってこそ、作成した文章に意味が生まれるのです。

読み手にそう思わせるのは、文章からにじみ出る書き手の人格や人柄があってのことです。冷たいと感じさせる人、角張った人、あるいは鋭すぎる人だと、それが文章に出てしまって、「この人に会いたくないな」、「話をしたら疲れるだろうな」、「嫌な人だな」と読み手に思われることになります。そうなると、人をつなぐという目的を果たせず、文章は意味をなさないものとなってしまうのです。

私が「文は人なり」という言葉で思うのは、文章の欠陥は人の欠陥をも意味するということです。たとえば、誤字脱字の多い文章は、書き手の粗雑さをよく表していると言えるでしょう。文章を書きあげた後、読み返さない、また読み返しても誤字脱字に気づくことができないということは、その人の注意力の散漫さを表しています。

準備書面など裁判所に提出する書面で固有名詞を間違えては、裁判官や相手方から失笑をもって受け止められることはいうまでもありません。主語・述語を間違える人や、形容詞、副詞を大げさに用いて的確な表現ができない人もいます。バランス感覚が欠如しているのでしょう。正確な文章を書くということの重要性がわかっていない人が、残念なことに弁護士の中にもたくさんいるのです。

よい文章を書くにはよく推敲することが大事です。推敲に推敲を重ねて文章をまとめる人がいますが、そういう人は物事に対して熟慮して対応する人格であると言えます。

推敲してよい文章をつくりあげる方法の一つに、音読という方法があります。私はもう30年も40年も前から音読を続けてきました。1日3時間くらいかけて、裁判所に提出する書面のチェックだけでなく、依頼者に出す一般の手紙についても、音読してチェックしてきたのです。

音読は、それをすることによって校正がきちんとなされることから、誤字脱字がなくなるのはもちろん、流れるような読みやすい文章になります。そういった文章をつくってこそ、相手方に自分の意向を正しく伝えることができるのです。

もちろん、校正のプロである新聞、雑誌、書籍などの校正係は音読をしているとは思えませんが、それはその人たちが校正の専門家として修練を積んでいるから必要ないのでしょう。我々弁護士も文章を書くことを業としていますが、入念な校正なしに正確な文章をかける弁護士はほとんどいないと言ってよいでしょう。粗雑な文章を書いて、読み手である裁判官や相手方の弁護士に粗雑な人間だと思われてしまうと、裁判の結果自体をも左右しかねませんから、弁護士は手間がかかっても音読等をして自ら作成した文章を丁寧にチェックしなければなりません。

また、音読すると、新しいアイディアや着想を得たりすることもできます。そしてそれは重要なものであることが多いのです。それらの着想などに基づいて文章を加筆・修正し、完成させることになりますが、そうすると生きた文章、立体的で緻密な文章ができあがるのです。

こうして手間をかけて文章を作成することが、緻密な弁護士であると評価されるための最も大切な要因の一つと言えるでしょう。

❖

【将来を見据えた研鑽はどのようにするか】

46 3年先の稽古は、短期・中期・長期の目標を定めてこそ意味がある

相撲の世界には、「3年先の稽古」という言葉があります。3年先に実力を発揮するためには、3年前の今から稽古に励まなければならない、すなわち将来を見据えて研鑽を積むことの重要性をこの言葉は教えています。

弁護士も同様に「3年先の稽古」を心がけなければなりません。実力を発揮し成果をもたらすのは3年後だと心して、地道に3年前から勉強しなければならないのです。

「3年先の稽古」があってこそ弁護士は実力を発揮することができるということは、たとえば書籍を出版するということにも表れています。

書籍は書き上げるのに時間がかかるものです。まず、手垢の付いていないテーマを探すため、またすでに出版されている書籍と内容が重複することを避けるために、いろいろなことを調べて構想を練らなければなりません。そうして入念な調査をしてやっと執筆に取りかかれるのですが、資料を集めて、構想を練り、執筆をするというこの一連の作業で1年はかかります。

そして本を書くというのは、1冊書いただけでは足りず、少なくとも3～4冊は書かなけれ

ば一人前の執筆家として認めてもらえないでしょう。つまり、本を書くという行為は、成果が出るまでに少なくとも3年は要するということなのです。

そして、「3年先の稽古」は将来を見据えて行うものですが、その将来は漠然としたものであってはなりません。そのようなものを見ていたのでは、稽古などしても意味はないのです。将来を見据えるということは、短期・中期・長期の目標を定めるということです。目先のことに囚われてはならないし、あるいは中期・長期のことだけ考えて、目先のことをおろそかにしてもいけません。

たとえば新聞の連載小説を書くにあたって作家は、日ごとにどのようなことを書くかということ、章立てをしてこの章で何を書くかということ、そして全体としてどのような小説にするか、ということを決めていなければなりません。弁護士もこれと同じで、短期・中期・長期の目標を定めなければなりませんし、それをしてこそ前進し続けることができるということを忘れてはなりません。

【仕事に誇りを持つにはどうするか】

47 自分の仕事に誇りを持つということは、果敢に攻める、成果を生み出すということ

弁護士は、誇りを持って果敢に仕事に取り組むことが大事です。仕事に誇りを持つためには、優れた仕事をし、その内容に胸を張る、自信を持つ、という経験を積み重ねることが必要です。そして、優れた仕事とは、人に評価してもらえるものであることが大前提です。自分だけが誇っていても、それは自惚れにすぎないからです。

そして、果敢に仕事に取り組むためには、自分自身が精進したい、精進し続けようという意識を持つ必要があります。自分の現状に満足せずに、常に工夫して新しいアイディアを生むことを心がけるのです。そして、他人がまだしていないことに積極的にチャレンジすることです。

私はメンタルヘルス問題に、30年以上にわたって取り組んできました。あらゆる角度からメンタルヘルスを分析しようと試みてきたのです。その創意工夫の一例としては、精神障害と一口にいっても、脳の故障を原因とするものと心の故障を原因とするものに分かれること、そしてそれらは必要な治療を異にするのではないか、と提唱したことです。

これは、私が労働問題に心血を注いで取り組んできたことから生まれた説でした。人に求め

られる仕事の仕方が、時代に合わせて、手足を使う仕事から頭を使う仕事に、そして心を使う仕事へと変遷したことで、人々が疲弊し変調を来す原因も多様化したのではないかと考えたのです。こういった他人が意識していない新しい視点から物事に取り組もうとする意識は、果敢に仕事をするという姿勢につながります。

また、大義名分をいつも意識することも大事です。仕事というのは大抵何かしらの障害があるものです。しかし、自分が将来的にどういう弁護士になりたいのか、とか、目前の仕事に対してなぜそれをやる必要があるのか、なんのためにするのか、という明確なビジョンや目標を持つことができれば、そして横たわっている障害より大きければ、人は勇気づけられ、果敢に仕事に取り組めるようになるものです。理想を掲げて、それに邁進することが必要です。

弁護士は、一つひとつの仕事でまず依頼者に対する責任を負いますが、弁護士という職業の持つ職責や職権から、社会に対しても大きな責任を負っています。その責任の重さをうとましがらず、良心つまり、心、善、美、夢、愛、誠、道義、道徳、道理に基づいて仕事に取り組めば、成果はおのずからもたらされ、社会からも評価されるようになるのでしょう。

【継続して前進するにはどうするか】

48 「英雄色を好む」のたとえあり
——オフが充実しないとオンは充実しない

弁護士にとって、「オン」とはもちろん弁護士としての仕事に取り組んでいる時間です。そして「オフ」は、弁護士業務以外の事柄に取り組んでいる時間を言います。

弁護士業務以外の事柄では、なんといってもきちんとした睡眠をとるというのが大事でしょう。オンで力を発揮するためには、これは絶対に欠かせないことです。

二番目には趣味に生きる、ということです。私の趣味は、今では絵を見ることと小説を読むことです。そして、耳を患う前は映画を見ることも好きでした。絵を見るためには展覧会に行くことが多いですが、画商のところへ足を運ぶのもまた楽しいことです。

以前、池袋に双伸という古道具屋があった頃は、ほんの短い時間でも空き時間があれば、そこまですっ飛んで行って古道具を見ていました。双伸は、いわゆる町の古道具屋とは違い、たとえば誰かの家が取り壊されることになればそこに出向き、いろいろなものを買い込んでくるというお店でした。珍しい品が数多く揃っていたので、いろいろな人が私のようにしょっちゅう顔を出していました。

その中で、北朝鮮出身で栃木県小山在住の方と親しくなり、ご自宅にお邪魔したこともありました。訪問の際、その方は、「これはすべて双伸の古道具ですよ」とソファーや机、腰掛や飾ってある装飾品を指して購入の経緯をお話ししてくださいました。

その方とは2回お会いしたのですが、またお会いしたいと思い、連絡をしたところ亡くなられたと聞き、非常に残念に思いました。お互い忙しい合間を縫い、古道具屋がご縁で親しくなったことは、よい思い出として残っています。

私のもう一つのオフの過ごし方は、旅行に行くことです。若くて体力があった頃は、海外旅行にも度々行ったものです。また、私は昔から温泉が大好きでした。特に東北の温泉に行くことが多く、その中でも秋田県八幡平の玉川温泉は記憶に残っています。

こうしてみると、オフというのは、つまりリラックスタイムということでしょう。そういうものがあってこそ、オンの時間が充実するので、多忙な弁護士にとってはオンとオフの上手い切り替えは非常に大事な課題になります。

オンとオフを上手に切り替える方法の一つは、友人との会合をオフの時間にたくさん組むことです。そのためには、よい友人にたくさん恵まれていなければなりませんから、日頃からいろいろな人と親しくお付き合いをすることが大切になります。

また、同じ友人ばかりと会っていてはオフがマンネリ化しますから、新しい友人を少しずつ増やすことです。その際には同性だけでなく異性とも積極的に友だちになることが必要です。異性の友人は発想が根本的に異なるため、刺激を求めやすいのです。

さて、オンとオフの切り替えが大事だと言っても、しかし経営者という立場から考えてみると、オフの時間をつくるというのは、なかなか難しいものがあります。経営者は、常に経営のことを多かれ少なかれ考えていなければいけないので、完全なオフというものはめったにとれないものなのです。その中でどうにかしてオフの時間がとれたときには、ごくわずかな時間でも我を忘れてその時間を満喫することが必要になります。

経営者の中には、「1日の仕事が終わったら、酒を飲まなければ翌日のオンの時間に耐えられない」と言って、すごい量のお酒を飲む人がいますが、それももっともなことです。「英雄色を好む」とよく言いますが、確保できたオフ時間に仕事と同じくらいの熱量を持って取り組むというのも、経営者の役割の一つではないでしょうか。

どんな人にもオンとオフは必要です。オンだけの時間が続けば、心身ともに疲弊しきってしまうでしょう。そしてオフだけの時間が続けば、怠惰になります。オンとオフのバランスがとれてこそ、すなわち、仕事と遊びがあってこそ、人は継続して努力し、前進することができるのです。

【新しい価値はどう生み出すか】

49 「温故知新」「守破離」──新しい価値を創造することは歴史や他の人の考えに学ぶこと

新説を唱えることとの大切さについては本書で度々述べてきましたが、新しい価値を創造するためには、従来のものとは異なった斬新な考え方を自分で考え付かなくてはなりません。まったく無関係な考えからひらめくこともあるので、気になる分野のことだけを考えていればよいというわけではなく、いろいろな知識を選り好みせず蓄えることが必要です。

今私は、現下実行されているアベノミクスについて再度執筆をしようとしていますが、そこではアベノミクスが成功しない理由は、膨張ばかりを考えて収縮を考えていないことにあるという説を展開しようと考えています。

これは、宇宙が常に膨張と収縮を繰り返しているという話を読んで、ふと考えついたものです。宇宙と経済政策。こういった一見何の関係もない事柄が、新しい価値を創造するヒントとなることは往々にしてあることです。

また新しい価値を生み出すためには、人の話を聞くこと、本を読むことも大事です。人はどんなに頭のよい人でも、自分一人の知識だけで新しい知恵を考え付くことには限りがあるものです。ですから新しい発想をするためには、他人の知識、知恵を学ぶことが大事になるのです。学ぶという言葉は、そもそもは真似るという言葉が発展したものです。人は先人の良きところを真似することで、学習するのです。

これを表したのが「温故知新」という言葉でしょう。新しい知恵を得るにはまず、過去を振り返って先人の知識、知恵に学べ、という意味の『論語』の記述から生まれた故事成語です。私がフットワーク、ハンドワーク、マウスワーク、ヘッドワーク、ハートワーク、ヒューマンワークという概念を考えついたきっかけはまさにこれで、歴史を振り返って概観することで、そういった事象が見えてきたのです。

歴史というのは、世界中の人の感じ方・思い方・考え方の集大成とも言えますから、新しい価値を生み出そうと思うのであれば、まず歴史を振り返ることが最優先事項といえるでしょう。

新しい価値を創造することについては、「守破離」ということばもあります。武道や茶道などにおける修行のプロセスを表した言葉です。

「守」は、自分の師から教わった形や技を確実に身に付けること、「破」は、他の師の教えにも学んで精神や技を発展させること、そして「離」は、独自の境地を新たに生み出すことをいいます。つまり、従来の考え方・思い方・感じ方を十分に学んだうえで、それよりも一段上の新しい考え方・思い方・感じ方を確立するということです。

「温故知新」も「守破離」も、従来の考え方をしっかり勉強することが次のステップにつながる、ということを示しています。過去をよく知ってこそ、そこから飛び立ち、新しい考え方を生み出すことができるのです。

また、何事であれ困難が発生したときというのは、新しい価値を創造するチャンスでもあります。新しい価値を創造するというのは、困難を克服するプロセスで生じる出来事だからです。ですから、困ったことが発生したら、すぐに専門家に話を聞いたり、関係する書籍を読んだりして、解決する方法を探ることが肝要です。そうすればいち早く新しい価値を生み出すことができるようになるのです。

なお、新しい価値は、大げさなものであることは要しません。自分のわだかまり、気がかりなことを解消するに足る、ささやかな価値、小さな発見でよいのです。小さな価値の発見を積み重ねることが、大きな価値を発見することにゆくゆくはつながっていくのです。

【なぜ自己実現をしなければならないのか】

50 良心に従って、他人の役に立ち、社会の役に立てば、自己実現が達成され、事業に持続性をもたらす

本書では、何度も「良心」について言及してきました。仕事をする、信頼を得る、部下を指導する、さまざまな場面で「良心に従って」と述べてきました。良心、そしてその対に私心、邪心があります。それらの違いは何かと言うと、利他的か利己的かということです。

まず私心と邪心が違うところは、私心は自分の心を大切にするということですが、邪心はよこしまな行為を平然と行うというところです。私心はよこしまというほどではないのですが、自分のことを最優先としながらも、表面的にはそのように受け取られないよう取り繕うことですから、仮面をかぶっているということで、邪心に近いと言ってよいでしょう。

人間である以上、誰でも皆、こうした私心、邪心も良心も混然一体になって持ち合わせているものです。しかし、最後に結論を下すときに、良心に従って、すなわち利他的に物事を考えることができる人が、良心に基づいて行動する人と評価されることになるのです。

そして人間の心は一つしかありません。ですから、誰しも良心と私心、邪心を持ち合わせているとすれば、良心が多ければ多いほど私心と邪心は少なくなります。逆にいえば、私心、邪

心が少ない人ほど良心が多いということになります。

そのような心の中で、良心が占める割合を増やすにはどうしたらよいかというと、それは何をするにも他人の利益をちょっと考える、ということでしょう。世の中には他人の利益をまったく考えない人もいますが、他人の利益について少しでも考えれば、私心や邪心はおのずから少なくなっていくものなのです。そしてそれを続けていって、「ちょっと考える」を「大いに考える」に変えれば、自然に良心の割合も増えていくのです。

たとえば孔子は、「巧言令色鮮なし仁」と言いました。言葉が巧みで、愛想がよい者に、誠実な人間が少ないという意味です。これと対となるのが、寡黙であることが徳のある人の特徴だという意味の「剛毅朴訥仁に近し」です。徳があるということは、良心に従って言動するということです。

巧言令色、つまり表面を取り繕っている人は、自分が人からどう見られるかだけを考えていて、相手の気持ちを思いやることがありません。しかし、人を思いやっていれば、迂闊なことは話せなくなりますし、自分のことを無駄に飾り立てることもなくなるのです。

この他に、私心や邪心を減らす方法としては、大義名分をどんなに小さな事柄についても確立する習慣を身に付けることです。大義名分、つまり世間一般を納得させる理由を考えれば、私心も邪心もなくなり、良心に基づいて行動せざるを得なくなります。私心、邪心があれば、世間一般を納得させることができないからです。

さて、良心に従って行動するというと、世の中にはボランティア活動に熱心な人がたくさんいます。彼らは報酬らしい報酬をもらうこともなく、熱心に人助けを行いますが、それは人の役に立ちたい、社会の役に立ちたいという気持ちがあってのことでしょう。

私が知っているボランティアの活動家は、池谷光代氏です。彼女は、メルコスールの加盟国であるアルゼンチン・ブラジル・パラグアイ・ウルグアイの観光省の共同観光プロジェクトであるメルコスール観光局を一人で切り盛りしている方なのですが、東北大震災や広島県の土砂災害の際など、積極的に被災地を訪れてボランティア活動をしていました。彼女のそういった活動の根本には、人の役に立ちたいという強い気持ちがあるのだと思います。

では、人の役に立ちたい、社会の役に立ちたい、と人が思うのはなぜなのでしょうか。それは、人間がそもそも社会的動物だということが理由でしょう。社会的動物であるがゆえに、他人に尽くしたい、役立ちたいという気持ちが自然に湧き上がり、そして実際に行動を起こすことにより自己実現が達成されて、満足感を得られるのです。

つまり、良心に従って事を行うことは、人間という生き物の自己実現のための行為なのです。自己実現は、どのような事柄であれ、持続的に物事を行う際のモチベーションの源泉となります。

本書を読まれている皆さまも、弁護士のみならずその職業を通じて自己実現をするのだという意識を強く持ち続け、良心に従ってその職務を全うしていただきたいと、私は心から願っています。

あとがき

本書を書くにあたっては、これまで私がお会いした数多くの弁護士を思い浮かべました。その中でも、一番のインスピレーション源となったのは、久保利英明弁護士です。

久保利弁護士は、バックパッカーのバイブルとして有名な『深夜特急』の著者沢木耕太郎氏よりも早く、１９６８年にアフリカをはじめとした世界各地に旅をしていました。訪れた国の数は、現在では１６９か国にも及ぶそうです。ごく若い頃からそうして旅をしたことは、今日の久保利弁護士が有する、際立って優れたコミュニケーション能力を身に付けるのに大いに役立ったことでしょう。

久保利弁護士は法律の条文に頼らずに、誰にでも理解ができるような平易な言葉を使って営業をすることができるのですが、私はその姿勢に共感しています。

また、私は労働事件を専門として弁護士活動をする中で、数多くの経営者の方々にも出会いました。その中で一番優れていると感じたのは、田中角栄氏の〝刎頸（ふんけい）の友〟ともいわれた小佐野賢治氏です。

小佐野氏はロッキード事件で失脚しましたが、周囲の人間に「小佐野氏が言うのならばそのとおりなのだろう。小佐野氏についていこう」という納得感を与えられるような、包容力のある立派な経営者でした。

営業に関していうと、ニチバン株式会社の小林幸雄会長が常々口にされていた「販売即経営」という言葉を、私は営業の三大原則の一つとしています。

小林会長は、1977年に、経営危機に瀕したニチバンの再建を引き受け、見事成功させた方です。私はこの案件で労働時間問題に関する裁判を担当しました。当時独立してまだ4年程度だった私は、小林会長の経営に対する筋の通った姿勢からたくさんのことを学んだのです。

三大原則の残りの二つは、「営業は偶然と奇跡の連続だ。営業力は、偶然を必然にし、奇跡を平常にすることだ」、「数少ない統一的な刺激は、数多い散漫な刺激に勝つ」という言葉です。私はこの三つの言葉を旨として、事務所の経営に力を尽くしてきました。これらは弁護士のみならず、すべての業種の経営に通ずる言葉だと思います。

そして、社会貢献をすることも、弁護士の職責の重要な要素です。弁護士は仕事をするうえでさまざまな人と接触します。それらの人の中には、善人もいれば悪人もいます。さまざまな要素や思考を持つ人々とかかわり合いながら、社会正義の実現を目指さなければなりません。

つまり、弁護士は自己を確立して正しい道を歩みながら、かかわりを持ったすべての人々にもまた、勇気を持って前へ、すなわち正しい道へと進ませる動機やきっかけ、エネルギーを与えることが求められるのです。

そうであれば、弁護士は、かかわった人々の人間性をよく見極めることが要求されるし、その人たちを善導するために、片手間あるいは成り行きで仕事をすることは絶対に避けなければいけません。

泥棒にも三分の理があり、一寸の虫にも五分の魂があるというのだから、真っ当な人間である以上、弁護士は五分以上あるいは六分以上の理と、七分以上あるいは八分以上の魂を持って仕事をするべきなのです。

そのためには、人間の限界だと思われている遺恨と執着を乗り越えて自分自身が諦念に達し、相手もまた諦念に達するよう促す、ということが必要となります。諦念というと「諦める」という意味にとられてしまいがちですが、この言葉は、「正しい道を悟る」という意味も持っています。

弁護士がそうして役割を果たすことで、社会はより正義に恵まれ、平和が訪れることになるだろうし、弁護士自身も多かれ少なかれ、社会の中で一つのエンジンとして機能できるようになるのです。こういったことは当然1日、2日で簡単に達成できるものではなく、弁護士が不断の努力をすることによってしか成り立たないものです。

２０１７年1月21日の読売新聞に、棋士の加藤一二三さんが、引退を報じられた翌日に史上最年長勝利を更新したことを讃えて、次のような俳句が載っていました。

「冬の牡丹魂で咲く」

魂で咲く花は厳しい環境にあっても枯れることはありません。

弁護士という職業は、絶えざる精進が必要とされる職業だといえます。しかし、精進を続ければ、必ずや大輪の美しい花を咲かせることができるでしょう。

この本には、私が50年余りの弁護士人生において実践してきた精進について書きました。若い読者の励みとなればと考え、思いつく限りのことを書き連ねましたが、それでもまだ十分なものであるとはいえないでしょう。今後も精進を重ね続け、「弁護士の経営戦略」を書き続けていきたいと思っています。

〈弁護士の戦略シリーズ第１巻〉
弁護士の経営戦略——「営業力」が信用・信頼をつなぐ

令和３年３月28日　第２刷発行

定価　本体 1,700円＋税

著　著　髙井　伸夫
発　行　株式会社　民事法研究会
印　刷　株式会社　太平印刷社

発行所　株式会社　民事法研究会
〒150－0013　東京都渋谷区恵比寿３－７－16
〔営業〕　☎03－5798－7257　FAX 03－5798－7258
〔編集〕　☎03－5798－7277　FAX 03－5798－7278
http://www.minjiho.com/　　info@minjiho.com

カバーデザイン／鈴木　弘　　ISBN978-4-86556-162-3　C2032　¥1700E
本文組版／民事法研究会（Windows10 64bit+InDesign2017+Fontworks etc.）
落丁・乱丁はおとりかえします。